Couverture inférieure manquante

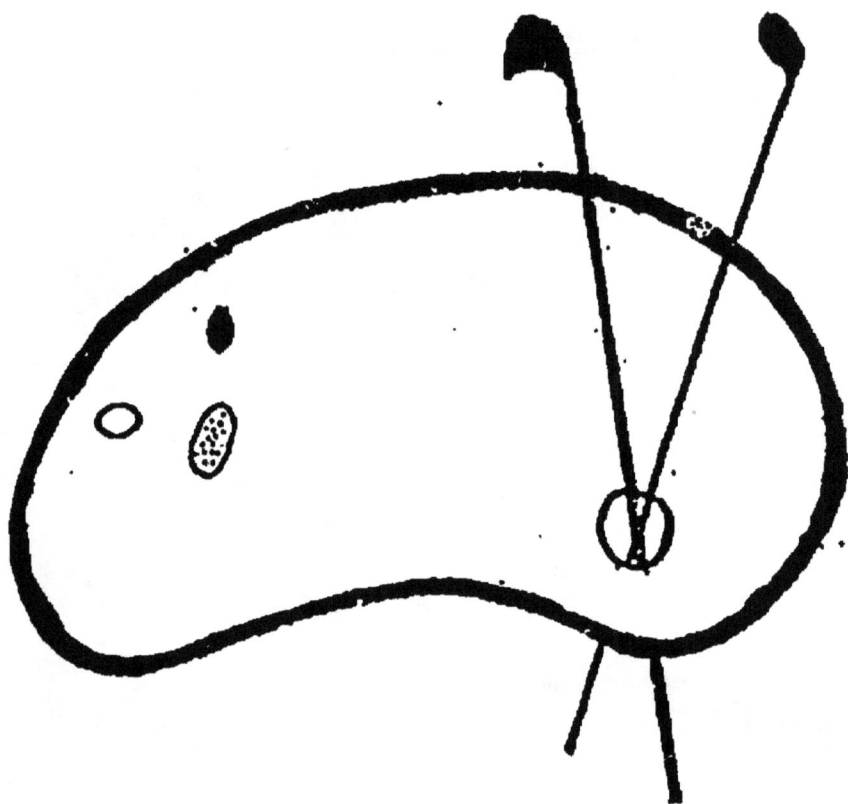

DEBUT D'UNE SERIE DE DOCUMENTS
EN COULEUR

L'UTOPIE

DE

CONDORCET

THÈSE

PRÉSENTÉE A LA FACULTÉ DES LETTRES DE CLERMONT

PAR

MATHURIN GILLET

Professeur au Lycée de Moulins.

> « L'ouvrage admirable et aujourd'hui si mal compris
> » de Condorcet, ses thèses prudentes et dubitatives
> » jusque dans leur extrême hardiesse, ses probabilités
> » sans fatalisme, sa critique franche du passé, d'u
> » passé dont il n'érigeait pas les traits de décadence
> » en moments de progrès, tout cela paraissait trop
> » scientifique et à la fois trop révolutionnaire aux lec-
> » teurs affaissés du xixᵉ siècle »
>
> (M. Rénouvier, 1ᵉ Essai, p. 129).

PARIS

GUILLAUMIN ET Cie, LIBRAIRES

Éditeurs du Journal des Économistes, de la Collection des principaux
économistes, du Dictionnaire de l'Économie politique,
du Dictionnaire universel du Commerce et de la Navigation, etc.

RUE RICHELIEU, 14

1883

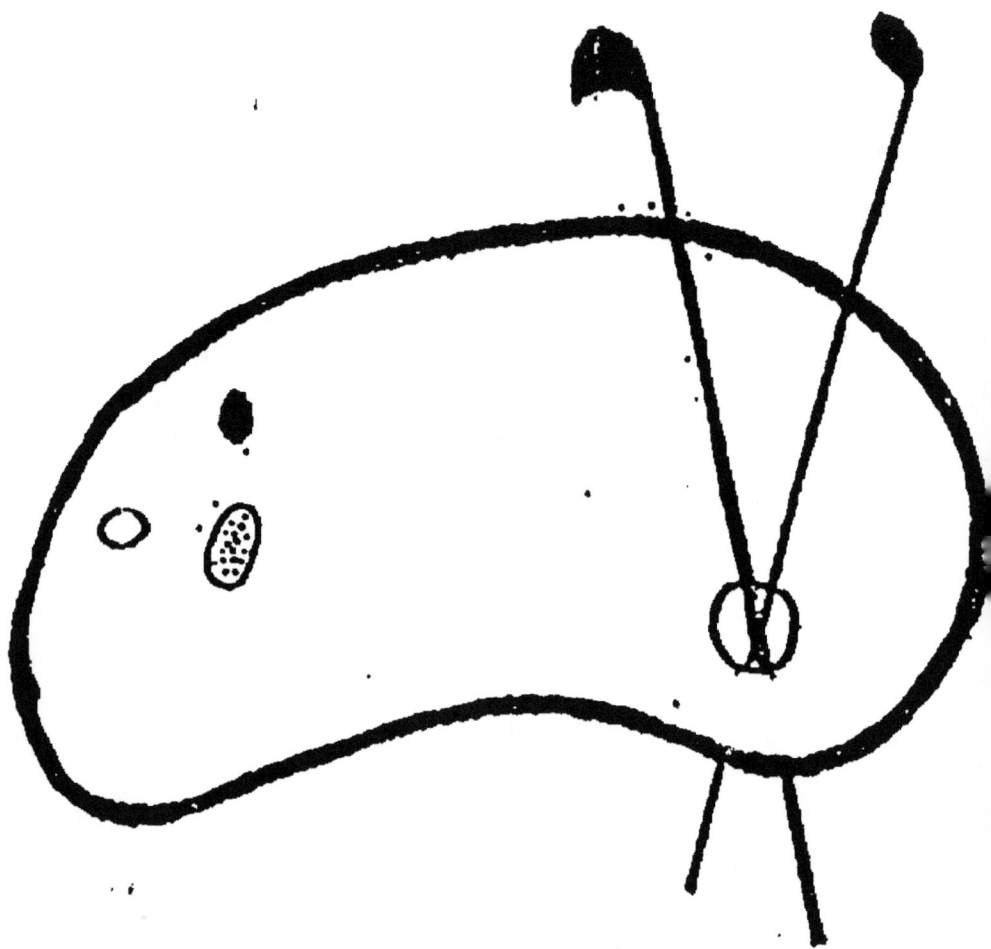

FIN D'UNE SERIE DE DOCUMENTS
EN COULEUR

L'UTOPIE

DE

CONDORCET

L'UTOPIE

DE

CONDORCET

THÈSE

PRÉSENTÉE A LA FACULTÉ DES LETTRES DE CLERMONT

PAR

MATHURIN GILLET

Professeur au Lycée de Moulins.

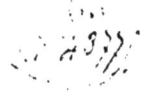

> « L'ouvrage admirable et aujourd'hui si mal compris
> « de Condorcet, ses thèses prudentes et dubitatives
> « jusque dans leur extrême hardiesse, ses probabilités
> « sans fatalisme, sa critique franche du passé, du
> « passé dont il n'érigeait pas les traits de décadence
> « en moments de progrès, tout cela paraissait trop
> « scientifique et à la fois trop révolutionnaire aux lec-
> « teurs affaissés du xixe siècle. »

(M. Resouvier, 1e Essai, p. 152).

PARIS

GUILLAUMIN ET Cie, LIBRAIRES

Éditeurs du Journal des Économistes, de la Collection des principaux
économistes, du Dictionnaire de l'Économie politique,
du Dictionnaire universel du Commerce et de la Navigation, etc.

RUE RICHELIEU, 14

1883

L'UTOPIE

DE

CONDORCET

PREMIÈRE PARTIE

L'idée du progrès avant Condorcet.

Le nom de Condorcet éveille avant tout l'idée du *Progrès indéfini*, dont il a le premier nettement affirmé l'existence et entrepris la démonstration. On est tenté de s'étonner que l'humanité ait pu marcher tant de siècles sans se demander où elle allait ; mais n'a-t-elle pas marché presque aussi longtemps sans même en avoir conscience ? Ce n'est pas seulement l'idée du progrès futur qui est toute récente, c'est aussi celle du progrès accompli dans le passé. La *Méthode historique* de Bodin, le premier ouvrage où la question du progrès soit abordée, est de 1566 ; et la *Science nouvelle* de Vico, où il est pour la première fois méthodiquement constaté, n'a précédé l'*Esquisse* de Condorcet que de soixante-neuf ans. Avant de conjecturer l'avenir, il fallait connaître le passé, ce qui implique une longue expérience et un développement déjà considérable des facultés intellectuelles. Que d'illusions à combattre, que d'hypothèses à épuiser avant d'arriver à l'idée d'une loi présidant aux évolutions des sociétés ! Aucune vue générale n'a été possible, tant que la stabilité des lois physiques n'a pas été reconnue, et qu'on n'a pas soupçonné, par analogie, sous le détail irrégulier des faits humains, quelque chose d'immuable, de permanent, « c'est-à-dire un principe fixe auquel pussent se rattacher les accidents variés et successifs de l'histoire [1]. »

Si encore l'esprit humain avait, dès l'origine, trouvé la bonne voie ! Mais nous le voyons tourner, pendant de longs siècles, autour de certaines conceptions subjectives, qui le captivent et l'empêchent d'avancer. On a eu d'abord recours, pour expliquer les événements, à la puissance aveugle de la fatalité, ou à l'intervention incessante d'une volonté divine aussi capricieuse que la fatalité elle-même. Puis, à la vue du mal présent, l'imagination s'est rejetée en arrière, et s'est prise à rêver un âge heureux d'innocence et de sagesse primitives, où les dieux vivaient avec l'homme et lui communiquaient quelque chose de leur science et de leur bonheur. Puis on a cru à des génies transcendants inspirés par le Ciel et envoyés de temps en temps par lui pour lancer dans une voie nouvelle telle ou telle génération humaine : on en a fait, suivant les âges, des demi-dieux ou des hommes providentiels.

Pendant que la grande majorité des esprits se fourvoyait ainsi, il y eut néanmoins de temps à autre, aux époques de réflexion, quelques intelligences d'élite qui entrevirent comme une lueur de vérité. Par exemple, dès l'an 500 avant notre ère, c'est-à-dire plus de vingt-quatre siècles avant MM. Darwin et Herbert Spencer, Héraclite d'Ephèse enseigna que *tout dans la nature est dans un devenir perpétuel*. Vers le même temps, croit-on, le pythagoricien Ocellus de Lucanie, auquel on attribue un petit traité sur la Nature de l'Univers, exprima, touchant l'éternité de la matière et ses modifications incessantes, des opinions à peu près analogues. L'authenticité de cet écrit est contestée ; mais qu'importe ? Que le principe d'Héraclite ait été adopté aussitôt par Ocellus, ou répété beaucoup plus tard par quelque pseudonyme, il n'en est pas moins vrai que cette idée du mouvement perpétuel de la na-

[1] Edg. Quinet ; Introduction aux Idées de Herder.

ture et des êtres vivants est restée jusqu'à l'époque moderne, pour ne pas dire contemporaine, sans partisans connus, et, par suite, sans conséquences scientifiques : preuve que le génie abandonné à ses seules forces est impuissant. Pour qu'une idée soit féconde, il faut qu'elle vienne à son heure et qu'elle trouve, dans le milieu où elle tombe, les éléments nécessaires à son développement.

Si l'on s'en rapporte à M. Renan, « la philosophie de l'histoire est une œuvre juive, et, en un sens, la dernière transformation de l'esprit prophétique. » Pour lui, « Daniel est l'antécédent immédiat de l'abbé Joachim, de Bossuet, de Vico, de Herder [1]. » C'est donc chez l'auteur inconnu du Livre de Daniel qu'il faudrait chercher l'origine de cette science, qui a conduit à la découverte du progrès. Cette opinion peut, *a priori*, paraître plausible : le peuple Juif, qui attendait toujours son Messie, et que ses prophètes tenaient au courant des vues de Jéhovah sur lui, devait être porté à supputer les temps, à généraliser les faits, à dominer du haut de ses espérances religieuses les amères péripéties de son histoire. Mais l'imagination luxuriante dont il était doué devait étouffer en lui tout sens philosophique. M Renan parle aussi avec éloge des Musulmans : « Quand on connaîtra la philosophie de l'histoire des Musulmans, on sera surpris des grandes vues d'ensemble que ces sortes de religions unitaires surent inspirer, bien avant qu'aucune idée d'une science exacte de l'histoire se fût développée [2]. » Mais il ne cite ni les Grecs, ni les Romains ; et ce ne doit pas être une omission de sa part.

Comme le remarque M. Havet [3], « les anciens ont su bien des choses, mais la science leur a manqué. » Thucydide, il est vrai, passe, et avec quelque raison, pour un grand historien politique et même philosophe ; mais sa philosophie ne va pas au delà des causes immédiates : il explique les faits les uns par les autres, jamais par une loi supérieure aux faits. On peut en dire autant de Polybe. Vainement on chercherait

[1] Revue des deux mondes ; 15 octobre, 1860.
[2] Même article.
[3] Orig. du Christ, tome II, p. 95.

chez eux une apparence de théorie générale sur la suite et l'enchaînement des événements. La philosophie de l'histoire ne leur doit pas une idée importante. Les philosophes ont plus fait que les historiens. Ils ont même entrevu le progrès scientifique [1]. Mais trop souvent le culte de l'art nuit chez eux à celui de l'austère vérité. Les Grecs soupçonnaient d'ailleurs si peu l'évolution de l'humanité, que leurs penseurs les plus éminents ont tous imaginé un idéal de gouvernement dont le principe est l'immobilité. Aristote, sans doute, procède autrement que Platon ; il interroge l'expérience des nations, il étudie et compare les diverses constitutions des peuples ; mais, comme Platon et les autres, il n'a pas songé au mouvement. Son équilibre des pouvoirs, dont il fait la condition essentielle d'un bon gouvernement, n'est qu'une immobilité permanente, qu'un *statu quo* éternisé. La cité de Lycurgue est le type accompli de la politique rêvée par les philosophes grecs, même par les philosophes athéniens.

Que dire des Romains, qui ont encore affiché davantage leur prétention à la stabilité ? Tout ce qu'ils fondaient devait être éternel, comme leur ville. Si le peuple romain a joué dans le monde un rôle considérable ; s'il a porté partout avec ses armes, ses habitudes d'ordre, ses idées pratiques, son esprit d'administration, son amour de la légalité ; s'il a soumis à une centralisation puissante les usages, les mœurs, les langues, les religions, les législations, en un mot les civilisations différentes des peuples alors connus ; s'il a opéré une grande fusion de races et d'éléments divers, dont le progrès a bénéficié : il faut reconnaître en revanche qu'il n'a pas eu conscience des services qu'il rendait, et n'a guère obéi, dans ce qu'il a fait de grand, qu'à de petites pensées d'orgueil ou d'égoïsme national. La science ne lui doit pas un aperçu nouveau, pas une idée générale. Ses études de droit elles-mêmes, qui lui ont pourtant valu, même chez les modernes, un immense prestige d'autorité, ont langui dans une stérile analyse, étouffées sous le détail des faits. Rome est

[1] Aristote ; politique, liv. II, ch. 5.

loin de mériter dans l'histoire de la science la place qu'elle occupe dans celle des événements. Sous ce rapport les Latins sont même inférieurs aux Grecs : ils ont plus agi, mais ils ont moins pensé. Ils eurent plus d'expérience, car outre qu'ils vinrent les derniers et purent profiter de l'acquis de leurs devanciers, ils virent s'opérer dans le monde d'importantes révolutions qui durent les instruire. Cependant leur œuvre ne consiste qu'en imitations, en applications heureuses et en observations de détail. Quand on a cité quelques pages de Cicéron, de Sénèque, de Florus, d'Ammien-Marcellin, on a donné la somme des idées neuves que la philosophie leur doit.

A la puissance romaine a succédé une autre puissance d'une nature toute différente. Le Christianisme est venu ; il s'est emparé des conceptions les plus élevées de la philosophie antique [1] ; il les a fondues en un corps de doctrine à la portée de tous et les a vulgarisées en les prêchant avec un succès inouï devant des foules avides de savoir, de croire et d'espérer. Le niveau moral de la société s'est sensiblement élevé : les vérités et les vertus sublimes, qui jusqu'alors n'avaient été accessibles qu'à quelques natures privilégiées, devinrent populaires. Grâce à cette foi nouvelle, qui se manifesta d'abord comme une religion de relèvement et d'affranchissement, l'idée de l'unité de l'espèce et de l'égalité naturelle des hommes, entrevue depuis longtemps par les esprits d'élite, se répand et se propage de plus en plus ; des vues plus philosophiques sur notre destinée s'offrent à toutes les intelligences ; on commence à comprendre que la succession des événements n'est pas l'œuvre du hasard, mais que le cours de l'histoire doit être la réalisation de quelque plan divin. La théorie que Bossuet a développée dans son *Discours sur l'histoire universelle* est presque aussi vieille que le christianisme. Les Augustin, les Orose, les Eusèbe, les Flavien l'avaient exposée plus de quatorze siècles avant l'évêque de Meaux. Il ne faut pas cependant s'exagérer la valeur scientifique de ces œuvres historiques : ce n'est encore qu'un

[1] Cf. Vacherot ; la Religion ; p. 62, et passim.

acheminement vers la philosophie de l'histoire, qu'une synthèse conçue dans un esprit tout exclusif. « La théologie fait d'un certain dogme le centre de l'histoire et même du monde : tous les événements de l'antiquité n'ont plus d'autre but que de préparer la venue de Jésus-Christ, de même que le soleil et les étoiles n'ont d'autre but que d'éclairer la terre [1]. » Le Christianisme pouvait-il aller plus loin sans compromettre ses dogmes fondamentaux ? Il est permis d'en douter. Toujours est-il que Bossuet n'a pas sensiblement dépassé l'auteur de la *Cité de Dieu* [2]. Ce qu'il y a de remarquable dans ses considérations sur les empires est un hors-d'œuvre, presque une inconséquence ; il semble l'avoir senti lui-même, si l'on en juge par les efforts ingénieux qu'il fait dans le premier chapitre et dans le dernier pour concilier cette partie philosophique de son ouvrage avec le reste. L'invasion des barbares ne paraît donc pas avoir arrêté, comme on l'a dit quelquefois, le développement de la pensée chrétienne. Le Christianisme, qui dédaigne les choses de la terre et la vaine science des hommes, n'avait plus rien à ajouter à sa théorie historique ; il avait librement et abondamment exposé ses idées sur cette matière, comme sur toutes les autres : sa doctrine entière était arrêtée et formulée d'une manière bien définitive.

Les barbares d'ailleurs apportent avec eux des éléments nouveaux qui vont se combiner avec ce qui reste de la civilisation antique [3] ; et, après des siècles d'élaboration latente, les semences, quoique tombées dans un sol ingrat, finiront par germer, et l'on verra s'élever, sur les ruines du vieux monde, un monde jeune et plein d'avenir. Jusqu'à nos jours, les historiens n'ont guère considéré le Moyen âge que comme une période de ténèbres et de chaos, après laquelle tout était à recommencer. Nous sommes maintenant plus justes à son égard. Nous avons enfin remarqué qu'au sein de ces ténèbres et de ce sommeil apparent il s'est fait peu à peu dans les esprit un immense travail de rénovation morale et sociale, et

---

[1] Fouillée ; Revue philosophique, 1re sem. 1880, p. 369.
[2] Cf. Debon ; Revue philosoph. 2e sem. 1878, p. 615-622.
[3] Cf. Renouvier ; 4e essai, p. 484-487.

que l'humanité est sortie de cette chrysalide avec des ailes
qu'elle n'avait pas auparavant. Sans doute « il voyait tous
les événements à travers un milieu ecclésiastique et dogma-
tique, qui l'empêchait de bien apprécier la vie séculière et
surtout la vie payenne [1] ». Oui, le Moyen âge fut ignorant et
vécut confiné ; il eût été incapable de comprendre l'histoire,
et encore moins la théorie de l'évolution progressive ; mais
sans en avoir conscience, il a progressé toujours, malgré les
difficultés qui l'arrêtaient à chaque pas ; il a fait plus : il a
eu des sentiments généreux, il a même acquis des idées : il a
couvé l'esprit moderne.

Dès le XII° siècle on peut saisir une certaine tendance vers
l'affranchissement du corps et de l'esprit, vers de nouvelles
investigations philosophiques. Abélard réveille le goût des
libres discussions ; Joachim de Flore humanise l'art prophétique en y introduisant le raisonnement ; Amaury de Chartres émet l'idée féconde des trois règnes successifs de Dieu :
le règne de Jéhovah, celui du Christ, celui du Saint-Esprit :
c'est la théorie des trois états, quoique à travers un voile
théologique. Au siècle suivant, Roger Bacon entrevoit l'avènement de la science comme puissance nouvelle et conseille
d'abandonner la méthode spéculative pour la méthode expé-
rimentale, qui le conduit lui-même à d'importantes découvertes. Cependant les questions politiques sont vivement agitées, et les solutions bien que téméraires de Dante, de Thomas d'Aquin, d'Henri de Gand, pour ne citer que les principales, viennent en aide à la révolution qui se fait dans les
idées. Et une fois commencé, ce mouvement des esprits continue, lentement, mais sensiblement. Si nous ne pouvons pas
toujours le suivre de génération en génération, il nous est
facile, même après de longs intervalles, de constater par la
distance parcourue qu'il ne s'est pas arrêté. Ainsi, pour savoir
ce qu'ont produit les conseils et l'exemple de R. Bacon, nous
sommes obligés d'attendre, faute de documents, le livre que
Paracelse adresse « *à ceux qui pensent que les choses nouvelles
valent mieux que les anciennes, uniquement à cause qu'elles sont*

[1] Flint ; phil. de l'hist. en France, introduction, p. 45.

plus nouvelles: Ce livre, cette dédicace seule suffit pour nous
renseigner. Mais avec Paracelse nous sommes déjà en pleine
Renaissance. Dès lors « l'idée d'un héritage scientifique gros-
sissant comme la boule de neige commence à pénétrer de
plus en plus dans les esprits [1]. » La question du progrès est
posée ; elle sera résolue, et sans désemparer, car les études
se poursuivent avec ardeur de tous les côtés à la fois, en deçà
et au delà des Alpes, de la Manche et du Rhin. Sans doute
l'on n'ira pas droit au but : il y aura beaucoup de tâtonnements et de fausses directions ; longtemps on tournera sans
résultats appréciables autour de la question ; on l'envisagera
successivement sous ses aspects divers ; on essayera bien des
hypothèses, on éliminera l'une après l'autre bien des expli-
cations ingénieuses, avant d'arriver à la vraie.

C'est au xvi° siècle surtout que s'accélère la marche du
progrès dans les idées, et que la philosophie de l'histoire
commence à poindre. Ce fut une époque bien agitée. Après
une longue série de guerres étrangères, il y eut des guerres
intestines : guerres civiles et guerres religieuses ; il y eut des
schismes et des persécutions terribles avec massacres, écha-
fauds, auto-da-fé ; il y eut des insurrections, des barricades,
des assassinats de princes et de rois : « le désordre fut tel, qu'on
eût pu se croire menacé d'une décomposition sociale ». Cependant ces agitations ne firent qu'exciter les intelligences.
Pour soutenir toutes ces luttes, ce n'était pas assez des armes,
il fallait aussi faire appel à la raison et remonter aux principes ; il fallait lire, écrire, discuter. Jamais époque n'avait
offert aux esprits tant de sujets d'étude à la fois. A chaque
conflit l'étincelle jaillit du choc des opinions, et la science
découvre tous les jours quelque aperçu nouveau. C'est un
beau spectacle que de voir, au milieu de ce chaos du xvi° siècle, la pensée moderne, se sentant déjà majeure, entreprendre hardiment et avec conscience de sa force le grand travail
de rénovation qui doit changer la face du monde. Et quel
zèle à l'œuvre ! Si les découvertes ne répondent pas toujours
aux efforts, ce n'est pas faute d'activité. Ce siècle a cher-

[1] De Ferron ; théorie du progrès, tome I, p. 65.

ché partout, dans les livres sacrés et dans les profanes, dans l'antiquité et dans le Moyen âge. Il a tout lu, tout étudié ; il a abordé toutes les questions, il a raisonné sur tout. Il sentait bien qu'il y avait quelque chose à trouver, bien que parfois il ne sût pas précisément où, ni comment diriger ses investigations. L'esprit scientifique n'était pas encore assez développé pour le guider et lui a souvent manqué. Trop jeune d'ailleurs, il a joint aux qualités tous les défauts de son âge : tranchant, audacieux, téméraire, il ne recule devant aucune difficulté, devant aucune affirmation ; « il joue avec le syllogisme, il abuse de l'argumentation, il construit des systèmes sur des axiomes sans solidité », il ne voit pas toujours la portée de ce qu'il avance : c'est comme un enfant terrible. Il a beaucoup de verve et de finesse pour saisir et mettre en relief le côté défectueux des choses ; mais pas assez de maturité pour une conclusion mesurée. Trop souvent l'imagination l'emporte au delà du but dans le domaine des exagérations, quelquefois dans celui des chimères. A tout prendre, ce siècle a des défauts, mais aussi de grandes qualités et de bonnes intentions. Il a droit à notre admiration, bien qu'il ait plus d'une fois fait fausse route : son influence sur l'avenir a été décisive [1].

La philosophie de l'histoire, que Vico appelait en 1725 la science *nouvelle*, n'était pas aussi nouvelle qu'il se l'imaginait. Nous en avons trouvé à travers les âges les éléments épars, et, dès le XVI° siècle, un grand écrivain, Jean Bodin, a essayé de les coordonner. Nous devrions aussi citer Machiavel, qui a contribué pour sa part à la constitution de cette science ; mais ses conclusions sont tellement opposées à celle de Condorcet, qu'il serait étrange de le compter parmi ses précurseurs. Machiavel, on ne saurait le nier, est une brillante intelligence, mais d'une vale... toute négative, ce qui tient à la fois à sa nature et au milieu où il s'est développé. Il n'a guère ajouté aux forces de l'esprit, mais il a enlevé les obstacles que la loi morale a placés à l'entrée des mauvaises voies. Pour qui adopte son système, il n'y a plus de scrupules qui barrent

---

[1] Cf. Baudrillart ; J. Bodin et son temps, passim.

le passage : le bien et le mal ne sont que des mots vides et sonores ; l'honnêteté politique est un frein factice qui n'arrête que les naïfs. C'est à lui, l'ennemi déclaré de la papauté, que la corporation formée pour la défendre a emprunté l'horrible maxime qu'on lui a si souvent et si justement reprochée : *la fin justifie les moyens*. A ses yeux, la politique n'est pas une science qui s'appuie sur des principes ; c'est un art, l'art de réussir n'importe comment : « par la force, si c'est possible, sinon par la ruse, même par le crime [1]. » Sa théorie historique se ressent naturellement de sa doctrine morale et politique. Il croit à l'influence décisive des grands hommes sur le progrès. Et quel progrès ! Une série d'évolutions, ou plutôt de circonvolutions toujours les mêmes. D'abord un génie supérieur organise la tyrannie ; puis vient une aristocratie, puis une démocratie ; puis une nouvelle période recommence avec un nouveau tyran :

Magnus ab integro sœclorum nascitur ordo [2].

L'humanité est destinée à tourner indéfiniment dans le même cercle, comme un cheval de manége : quelle perspective ! Et rien à faire contre cette fatalité. Tout au plus sera-t-il possible à la sagesse politique de hâter ou de retarder la marche des événements ; quant à les changer, ce serait folie de l'espérer. Le *Prince*, son œuvre capitale, qui résume à la fois sa théorie politique et sa théorie historique, lui a été inspiré, dit-on, par l'amour de sa patrie : il est à désirer qu'il y ait peu de patriotes comme lui. C'est une excitation à l'adresse de Laurent de Médicis, qu'il pousse à tout entreprendre pour assurer l'union et l'affranchissement de l'Italie. Persuadé qu'il faut, pour réussir, un prince audacieux et un coup de main, il n'hésite pas un instant : « au patriotisme il immole jusqu'à la morale, et c'est par là qu'il a fait école [3]. Mieux inspirés, ses disciples auraient oublié ses conclusions et se seraient occupés davantage des vérités de détail qu'il a découvertes ou mises en relief : il y eût eu double profit

---

[1] Cf. Baudrillart ; idem.
[2] Virgile ; égl. 4.
[3] Cf. Baudrillart ; Bodin, p. 19.

pour eux, sans compter que le nom de leur maître aurait
peut-être ainsi échappé à la flétrissure que le dictionnaire lui
a infligée.

J. Bodin, comme Machiavel, est à la fois un homme d'action et un homme d'étude ; c'est tout ce qu'ils ont de commun :
sous quelque aspect qu'on les envisage, ils diffèrent beaucoup l'un de l'autre. Bodin a écrit sur le droit, sur l'histoire,
sur la philosophie ; mais c'est à l'étude de la politique qu'il
s'est surtout attaché ; les autres sciences ne viennent chez lui
qu'en seconde ligne, comme *vassales* de la *princesse de toutes
les sciences*. Leur objet est plus élevé, il le reconnaît ; mais
elles ne sont pas d'une utilité aussi immédiate : pour que
l'âme puisse se livrer à la contemplation de l'idéal, il faut que
le corps jouisse de quelque sécurité. Voilà pourquoi la politique est la science préférée de Bodin et de tout son siècle.
Sa *République* est un chef-d'œuvre. C'est là qu'il expose sa
doctrine avec ampleur et dans un style qui peut soutenir la
comparaison avec celui d'Amyot ou de Montaigne. Cet ouvrage l'a fait appeler quelquefois le Montesquieu du
XVIᵉ siècle, ce qui n'est pas un éloge médiocre.

Cependant Bodin n'aurait pas écrit sa République, qu'il
nous serait facile d'y suppléer : les idées principales qu'il y
développe se trouvent déjà indiquées dans sa *Méthode historique*[1], publiée dix ans auparavant. La réputation de l'écrivain
souffrirait plus de cette lacune que la pensée du philosophe.
Au lieu d'une exposition détaillée, nous n'aurions qu'un résumé un peu succinct, mais complet, et, à la rigueur, suffisant, car Bodin est là tout entier. Peut-être même la République ne nous montre-t-elle pas aussi bien que la Méthode
toute la force de son esprit.

C'est là qu'il indique, pour arriver à la vérité historique,
une méthode que ne désavouerait pas la critique contemporaine. C'est là aussi qu'il aborde les grands problèmes qui
font l'objet de la philosophie de l'histoire, et les pose avec
une précision déjà remarquable. Les nations doivent-elles
marcher sans boussole, sans principes de conduite, au hasard

[1] Methodus ad facilem historiarum cognitionem.

des éventualités ? Le progrès est-il un vain mot ; ou, s'il répond à quelque réalité, n'est-il que le résultat d'une fatalité plus ou moins providentielle, que l'homme subit passif et inconscient ? Graves questions, que Bodin n'a pu qu'imparfaitement résoudre ; mais, n'eût-il fait que les poser, que les livrer aux études de l'avenir, que ce serait déjà beaucoup. Or, il a fait plus : il les a élucidées autant qu'il était possible à son époque ; il a tracé les grandes lignes de la science qui doit les résoudre. Il ne croit pas à la décadence continue et fatale, et il en donne une raison irréfutable : « Si les choses allaient en empirant, depuis longtemps nous serions tombés au dernier degré des vices et de l'ignorance : or, c'est dans le passé, suivant moi, qu'on y est parvenu [1]. » Qu'est-ce que le fameux âge d'or ? sinon un âge de barbarie qui, comparé au nôtre, mériterait à peine le nom d'âge de fer. Notre supériorité sur les anciens ne saurait être sérieusement contestée : nos mœurs sont plus douces que les leurs ; nos connaissances, plus étendues ; nos arts, plus perfectionnés. Nos institutions sont libérales et généreuses ; nous ne comprenons plus qu'on puisse vivre dans une république comme celle de Lycurgue. Et quelles inventions, quelles découvertes ont faites les anciens, qui soient comparables à celles des modernes ? Bodin est fier de la civilisation de son temps ; il n'en parle qu'avec une sorte d'enthousiasme.

Mais s'agit-il de conclure, il se refroidit aussitôt et perd son assurance : il se jette dans le vague, comme pour esquiver une question embarrassante. Toute la suite de son raisonnement tend à démontrer qu'il y a eu progrès constant dans le passé, et implique même comme conséquence que ce progrès doit continuer dans l'avenir. Mais cette idée du progrès est si nouvelle, si paradoxale au XVIe siècle, qu'il hésite à se prononcer et n'affirme rien d'une manière positive. Il y a même un passage où il semble exprimer le soupçon que l'humanité pourrait bien revenir au point d'où elle est partie. Il trouve une certaine monotonie dans la marche des affaires humaines : *velut in urbem redire videntur* ; mais ce passage

---

[1] Chap. vii.

manque de netteté et est en contradiction avec la pensée générale du livre. On peut donc dire que Bodin a eu l'idée du progrès, mais dans le passé seulement, car il n'est nulle part question de l'avenir. Encore faut-il faire une distinction importante, c'est que le progrès moral ne lui paraît pas aussi certain
que le progrès matériel. A-t-on aujourd'hui moins de vices
et plus de vertus qu'aux époques de barbarie ? Il n'ose rien
affirmer, et laisse à la fin de son ouvrage, pour dernière
conclusion, un point d'interrogation.

François Bacon ouvre glorieusement le xviie siècle. C'est
aussi un homme d'Etat et un philosophe, mais que son génie porte de préférence vers l'étude de la nature. Les sciences
d'observation lui doivent beaucoup : il les a restaurées, on
pourrait dire fondées, en les établissant sur la base et en leur
donnant la méthode qui leur convient. En cela il a rendu
un service à la philosophie de l'histoire, car c'est le développement des sciences physiques qui a conduit à la notion
exacte de la *loi*. Mais il lui en a rendu un autre plus direct
en posant à nouveau, et plus nettement que Bodin, la question du progrès. S'il ne la résout pas définitivement ; s'il ne
peut pas encore déterminer la loi suivant laquelle le progrès
s'accomplit, il déclare du moins qu'elle existe et qu'il suffit
d'étudier l'histoire pour la découvrir. Bacon est comme le
pendant de Bodin : l'un constate, sans toutefois l'affirmer,
le progrès dans le passé ; l'autre l'affirme dans l'avenir ; l'un
a des doutes sur la continuation future du mouvement vers
le mieux ; l'autre, sur l'importance du progrès déjà réalisé:
ils se complètent l'un l'autre.

Bacon établit d'abord comme principe que c'est nous qui
sommes les anciens, et que l'âge d'or n'est point derrière,
mais devant nous. Puis il réhabilite le travail, que l'antiquité
méprisait et laissait aux esclaves. Il veut que la science, au
lieu de se perdre dans de stériles spéculations, soit avant tout
efficace ; qu'elle s'occupe des besoins, des intérêts, du bien-
être, en un mot du progrès aussi bien matériel que moral ;
il pousse même parfois jusqu'à l'exagération cette tendance
utilitaire. L'idée de Bacon a fait son chemin. La science n'est
plus cette grande rêveuse, que nos aïeux ne voyaient que de

loin et comme à travers les nuages : elle est descendue au
milieu de nous, elle s'est faite travailleuse, elle préside et
prend part à nos labeurs de chaque jour. Elle a pénétré partout : elle est dans nos laboratoires, dans nos usines, dans nos
ateliers, dans nos mines, dans nos champs, dans nos mai-
sons ; elle est devenue populaire, et certes elle n'a pas dérogé
pour cela.

Mais revenons en France. Descartes, réalisant après un
siècle le rêve du vieux Ramus, donne le coup de grâce à l'A-
ristote travesti du Moyen âge et se constitue, comme Bacon,
philosophe indépendant. Quoique Bacon et Descartes repré-
sentent deux écoles bien différentes, ils ont quelque chose
de commun : ils sont d'accord sur tout ce qui touche à l'intérêt de la science et du progrès. Tous deux s'affranchissent
des entraves de la scolastique, c'est-à-dire du despotisme en
philosophie, et ne reconnaissent plus, en matière scientifique, d'autre autorité que celle de la raison. L'un et l'autre
ont regardé l'antiquité comme l'enfance du genre humain
et ont même poussé jusqu'à l'excès, jusqu'à l'injustice, le
mépris du passé. La science de Descartes, comme on en a
déjà fait la remarque [1], est, ainsi que celle de Bacon, une
science pratique, qui ne dédaigne aucune application utile,
et se propose de contribuer de plus en plus au bien-être des
hommes. Enfin ils ont été les premiers à reconnaître la *perfectibilité* de l'espèce humaine.

Cette idée de perfectibilité devait bientôt compter de nombreux partisans. Plus d'un demi-siècle avant que l'abbé Terrasson la soumît isolée aux méditations du public lettré, elle
était déjà vaguement dans la plupart des esprits. Pascal, par
exemple, compare la vie de l'humanité à celle d'un seul
homme qui subsisterait toujours et apprendrait continuellement. Bossuet lui-même fait de la perfectibilité, qu'il regarde comme une conséquence forcée de la réflexion, un des
caractères de l'intelligence humaine, et il la déclare *indéfinie* [2]. Si nous citons ceux-là de préférence, c'est précisément
parce que *a priori* on serait tenté de les croire opposés à

---

[1] Cf. Mastier ; thèse sur Turgot, p. 401 et 402.
[2] Connaiss. de Dieu et de soi-même, ch. v, § viii.

cette opinion. Il s'opéra donc, dans la seconde moitié du XVII⁰ siècle, une véritable révolution intellectuelle. Elle ne se fit pas sans lutte : les vieilles traditions, battues en brèche par les novateurs, trouvèrent d'énergiques, sinon d'illustres champions.

C'est sur le terrain littéraire que se livrèrent les plus grandes batailles. La *querelle des anciens et des modernes* est une véritable guerre, qui a duré plus d'un demi-siècle ; elle a eu ses émotions et ses vicissitudes ; elle a même eu son historien [1]. Sans doute cette querelle, comme beaucoup d'autres, est née d'un malentendu. Peut-être même Desmarets de Saint-Sorlin, qui la souleva le premier, n'obéit-il qu'à un mouvement d'amour-propre blessé : il avait eu si peu de succès avec son *Clovis*, qu'il dut être jaloux d'Homère. En tout cas, il ne faut pas regretter que cette polémique ait eu lieu ; bien au contraire. Elle a entretenu les esprits dans un certain mouvement qui n'a pas été, tant s'en faut, sans résultats heureux ; elle a posé la question du progrès des beaux-arts et de la poésie ; elle a enfin fait jaillir plus d'une idée lumineuse.

Houdard de Lamotte, après Bacon et Descartes, nous a mis en garde contre cette admiration de commande avec laquelle on était disposé jadis à accueillir tout ce qui portait le cachet de l'antiquité ; il nous a donné l'exemple d'une audace inouïe jusqu'alors : avec lui on s'est permis, pour la première fois depuis Zoïle, de discuter le génie d'Homère ; les plus téméraires sont allés jusqu'à élever des doutes sur sa légende et sur sa personnalité. Cette hardiesse, poussée jusqu'au scepticisme, n'a pas été sans profit pour l'esprit critique : on s'est peu à peu habitué à raisonner son admiration ; on a voulu se rendre un compte exact, presque scientifique, du mérite poétique et littéraire. L'érudition est devenue plus judicieuse. Le sens historique s'est développé avec le sens critique ; on a mieux compris les anciens, on s'est mis à les mieux traduire. L'esprit philosophique a pénétré de plus en plus dans la littérature ; le doute méthodique de Descartes s'est étendu de la philosophie aux

[1] Hipp. Rigault.

lettres et à l'histoire. Dès 1668, François de La Motthe-Le-Vayer, frappé des incertitudes historiques et morales, signale les contradictions sans nombre des opinions et des coutumes, et professe, sous le pseudonyme d'Orasius Tubero, ce scepticisme discret et modéré qu'on peut regarder comme un état intermédiaire de l'esprit entre l'erreur passée et la science à venir.

Dès le commencement de la lutte, Charles Perrault laisse échapper une idée dont Vico s'emparera bientôt : c'est que le progrès n'est interrompu qu'en apparence par ce qu'on appelle les siècles de barbarie : comme certains fleuves, il se dérobe quelque temps à la vue, mais il coule toujours et tout-à-coup on le voit reparaître plus large et plus majestueux. D'ailleurs cette idée du progrès continu n'appartient pas à Perrault seul. Leibnitz l'a développée vers la même époque, mais en lui donnant beaucoup plus d'étendue : ce que Perrault n'affirme que de l'humanité, Leibnitz l'applique à l'univers entier. Pour le philosophe allemand, comme pour M. Herbert Spencer, le progrès est partout : il est dans l'homme, il est au-dessus de l'homme, il est au-dessous ; tout ce qu'il y a dans la création va au mieux par une série non interrompue de transformations. Ainsi chaque progrès dérive d'un progrès précédent et en prépare un autre qui doit suivre : le présent est en germe dans le passé ; l'avenir, dans le présent. Nous voici déjà loin de Descartes et de Bacon, qui s'imaginaient briser la chaîne des traditions et rebâtir tout à neuf l'édifice de la science [1].

Puis vient le fougueux abbé Terrasson, qui, dans sa dissertation sur l'Iliade, formule de nouveau, mais cette fois avec une précision toute scientifique, le problème posé depuis longtemps, mais encore à l'étude, de la perfectibilité humaine. — Puis Fontenelle se déclare pour les modernes et s'engage dans la mêlée. C'est une excellente recrue. Cet esprit si net, si lucide, ne peut manquer de jeter sur la question plus de clarté, et d'en rendre la solution possible, en écartant les malentendus qui l'obscurcissent. Il commence par distinguer les sciences des arts, ce qu'il eût fallu faire

[1] Cf. Mastier ; Thèse sur Turgot, p. 403 et 404.

tout d'abord ; car, en les confondant, on n'avait aucune
chance de s'entendre jamais. Au contraire, cette distinction
une fois admise, il devient facile de contenter, sinon d'accorder complètement les deux partis : en reconnaissant d'un
côté, avec les champions des modernes, que le progrès de
la science se poursuit sans interruption depuis le commencement ; et, d'un autre, en concédant aux partisans des
anciens, qu'il paraît y avoir pour les arts des époques successives d'apogée, de décadence et de renaissance. Une autre
assertion de Fontenelle, que nous trouverons analysée chez
Vico, c'est que chaque nation passe, comme chaque homme,
par différents âges dont les facultés et les tendances vont se
modifiant et se développant sans cesse suivant une loi toujours la même. Les préoccupations de la vie physique absorbent d'abord toute l'activité de l'enfance ; puis vient, avec la
jeunesse, le goût de la poésie et des arts ; auquel succède,
dans l'âge mûr, celui de la science et de la philosophie : c'est
l'idée de Florus rajeunie et étendue ; c'est la pensée de Pascal appliquée en particulier à chaque société humaine.

Pendant que, chez nous, Fontenelle élucidait ainsi la question du progrès, et que les philosophes du XVIIIᵉ siècle commençaient à se mettre à l'œuvre, l'Italien Vico prouvait le
premier, pièces en main, que l'humanité a progressé depuis
l'origine. Vico est parti du droit pour arriver à la philosophie de l'histoire. Il s'était épris d'une vive admiration pour
la sagesse des lois romaines ; mais il admirait aussi la philosophie de Platon, et il s'aperçut un jour qu'il était logique-
ment impossible de concilier deux admirations si contradictoires. Où était la vérité ? Dans le droit romain ou dans
Platon ? Cette perplexité devait le conduire à trouver que le
droit romain a passé par une série continue de variations in-
sensibles, et qu'il est allé se rapprochant toujours du droit
philosophique, c'est-à-dire de l'idéal. Cette découverte conte-
nait en germe non seulement la solution du problème qui
troublait sa conscience de savant, mais aussi toute sa théorie
du développement historique de l'humanité[1].

[1] Cf. de Ferron ; Théorie du progrès ; tome I, p. 121.

Pour vérifier l'hypothèse qu'il s'était posée, il fallait refaire l'histoire romaine : c'est ce qu'il entreprit aussitôt. Il n'eut pas de peine à se convaincre que, derrière les luttes haineuses des patriciens et des plébéiens, derrière les faits particuliers que les historiens ont mis trop exclusivement en évidence, un grand fait général s'accomplissait en secret ; que la raison faisait son œuvre en silence, presque instinctivement, et introduisait de plus en plus, dans les institutions et les lois, les principes dont elle est dépositaire[1]. Mais cette histoire, se demande-t-il aussitôt, n'est-elle pas celle de tous les peuples ? Tous n'ont-ils pas à la longue développé également et fait passer dans les faits les vagues sentiments, les idées innées du bien et du juste ? Si cela est, il suffit d'ôter aux phénomènes qui sont communs à tous les âges et à tous les lieux ce qu'ils ont de local, de particulier, d'individuel, pour arriver à une abstraction qui les comprenne tous : « A travers la diversité des formes extérieures nous saisissons l'identité de la substance[2]. » Il y a donc, au-dessus des différentes histoires positives, une histoire idéale qui est commune à toutes, qui les explique toutes, et qu'il suffit de savoir pour deviner toutes les autres. Cette histoire, cette science nouvelle, comme il l'appelle, c'est la connaissance des lois générales qui président aux évolutions de toute société, au développement de toute civilisation. Ces lois, Machiavel n'avait fait que les soupçonner vaguement ; Bodin les avait entrevues et signalées, mais sans oser en déduire les conséquences, tandis que Vico les démontre, et cela avec une telle force de conviction, qu'il affirme connaître mieux que Tite-Live l'histoire romaine ; qu'il va jusqu'à soutenir que, lors même que Dieu multiplierait à l'infini les mondes dans l'espace, la destinée de tous ces mondes nés ou à naître serait de suivre invariablement le cours des lois qu'il a découvertes[3].

Pour expliquer l'histoire, ne parlez pas à ce disciple de Platon de généraliser les faits : les faits sont toujours incomplets, toujours dénaturés ; c'est à la source même des faits

[1] Vico, axiome 86.
[2] Idem, liv. V, p. 375.
[3] Idem ; Ax. 13 et 22 ; et livre I, ch. IV, p. 88.

qu'il faut remonter, c'est à l'activité humaine et aux mobiles
innés qui la poussent. Veut-on donner une base solide à la
science historique, c'est dans l'enceinte du moi individuel qu'il
faut la poser[1]. L'histoire est un produit de notre nature; le monde
social est l'ouvrage de l'homme, et la manière dont il s'est
formé doit se trouver dans les modifications de l'âme humaine[2]. Cependant si les hommes ont fait le monde social,
ils l'ont fait sans avoir conscience de leur œuvre. Nous
sommes fiers de notre civilisation; mais c'est précisément
dans les âges que nous nommons dédaigneusement barbares
qu'il faut en chercher la source. Si l'intelligence avait été
indispensable aux premiers développements de l'humanité,
l'homme ne se serait jamais développé, car l'intelligence n'a
été qu'une ouvrière de la dernière heure, et elle n'a pu contribuer à notre avancement qu'après avoir reçu elle-même,
de progrès indépendants d'elle, une éducation sans laquelle
elle fût restée inepte et impuissante. C'est de la sensibilité, et
non de l'intelligence, que procèdent les premiers rudiments
de la civilisation. La sensibilité est la faculté qui se manifeste
la première dans l'individu et dans les sociétés ; la réflexion
n'apparaît que plus tard. Les hommes ont senti d'abord,
puis ils ont compris ; autrement dit, les poètes ont senti d'a-
bord ce que les philosophes ont compris ensuite : les premiers sont les sens ; les seconds, l'intelligence du genre humain. Les arts ont précédé la science ; l'admiration est fille
de l'ignorance, et l'imagination est d'autant plus forte, que
le raisonnement est plus faible[3]. C'est de la violence que se
dégage peu à peu le droit ; c'est de l'égoïsme que dérivent,
par une suite de transformations successives, toutes nos vertus sociales. C'est dans la férocité primitive qu'il faut chercher la cause de la force armée qui protège nos cités ; c'est
l'avarice qui a inventé le commerce ; l'ambition, qui a imaginé la politique. C'est en poursuivant son intérêt particulier
que l'homme est arrivé à trouver enfin le beau, le juste et le
vrai, qui se confondent avec l'intérêt de l'humanité tout en-

---

[1] Cf. Egd. Quinet; Introd. aux Idées de Herder, p. 57.
[2] Vico ; liv. I, ch. iv ; Ax. 104 et p. 384.
[3] Idem ; Ax. 35 et 36.

tière. Ceux qui se contentent de rapporter les causes des phénomènes qu'ils ignorent à la volonté de Dieu, sans considérer
les moyens qu'emploie cette volonté, pourront être scanda-
lisés de cette assertion ; mais ce sont des ignorants, dont la
vue bornée se laisse tromper par l'illusion des apparen-
ces [1].

Et, chemin faisant, Vico signale une foule de vérités de
détail, qu'on ne soupçonnait pas avant lui, et qui depuis ont
été, pour la plupart, reconnues, et admises. Que plusieurs de
ses assertions aient soulevé des objections sérieuses, ce n'est
pas étonnant. Les générations suivantes, plus éclairées, ont
pu facilement l'attaquer sur bien des points. D'ailleurs quel
auteur d'un système pourrait-on citer, qui n'ait pas prêté le
flanc à la critique. Parmi les reproches qu'on lui a faits, il
en est un cependant, qui parait plus grave que les autres. Si
la science nouvelle « n'est, sous l'un de ses principaux aspects, qu'une démonstration de la Providence [2]; si l'auteur
préfère, pour sa démonstration, l'étude du monde moral à
celle du monde physique [3], » sans tenir compte des dérivations
à la loi providentielle que la liberté humaine peut produire ;
s'il admet que les intentions des hommes sont le plus souvent
déjouées par les combinaisons infaillibles de la Toute-puissance
divine [4] : N'est-il pas fataliste, comme plusieurs l'ont prétendu ? Il le nie formellement : « Il ne faut rien attribuer
dans l'histoire à la fatalité, puisque les hommes ont agi avec
choix ; rien au hasard, puisque les mêmes faits se renoûve-
lant produisent régulièrement les mêmes résultats [5]. » Cependant, si tout est réglé d'avance dans la marche des nations ;
si nous ne sommes que de grands enfants prenant naïvement
au sérieux, et décorant du nom prétentieux de volontés libres, des velléités passagères et des caprices sans portée, que
la Providence, du haut de sa sagesse et de sa puissance infi-
nies, peut si facilement éluder, est-il vrai que nous soyons
réellement libres ? Hélas ! Vico est resté muet, avec tous les

[1] Vico : Ax. 33.
[2] Idem, p. 84.
[3] Idem, p. 76.
[4] Idem, p. 85 et 86.
[5] Idem, pages 384 et 385.

philosophes, devant cette question parait-il insoluble. Comme
certaines religions, la métaphysique a ses mystères. D'ailleurs
si l'auteur de la Science nouvelle a encouru cette accusa-
tion, c'est aussi et surtout parce qu'il a adopté la théorie de la
Grâce, théorie qui, en admettant la prédestination, confine
de trop près au fatalisme, pour que ceux qui ne sont pas initiés aux subtilités des Augustiniens et des Jansénistes puissent voir, avec quelque netteté, la ligne de démarcation. Vico
« prouve que l'homme a le libre arbitre, mais qu'il est aidé
naturellement par la Providence et d'une manière surnatu-
relle par la Grâce[1]. » Or, qu'est-ce qu'un libre arbitre auquel
viennent en aide des impulsions naturelles et surnaturelles ?
Quoi qu'en dise M. Baudrillart[2], il faut avouer qu'il est difficile aux profanes de se faire une idée même approximative
de cette liberté-là.

Ce n'est pas la seule fois que Vico a été gêné dans l'expansion de sa théorie par ses croyances religieuses. Enfermé
dans le cercle étroit de l'histoire orthodoxe, il a dû en accepter avec soumission toutes les traditions, toutes les erreurs
consacrées, toutes les inconséquences. L'indépendance d'esprit et les grandes vues scientifiques lui ont été, dans plusieurs
cas, interdites par sa conscience de croyant. Humble chrétien,
il a fait agenouiller son système au seuil du sanctuaire, ac-
ceptant sans discussion le déluge universel en l'an 1656 du
monde et la première dispersion des hommes vers le XXIX° siècle avant notre ère. Ses scrupules de croyant l'ont empêché de remarquer l'impossibilité de cette chronologie sacrée et lui ont même imposé à l'égard du peuple juif une dis-
crétion, un silence presque absolu.

Reste une question, la plus importante pour nous : jusqu'à
quel point Vico a-t-il eu l'idée du progrès ? Pour la résoudre,
il faut la diviser. Veut-on parler du progrès particulier, local, défini dans le temps et dans l'espace ? Il n'y a pas de
doute possible : la Science nouvelle non seulement le reconnaît, mais elle le démontre et le proclame. S'agit-il au contraire du progrès universel et permanent, s'étendant à l'ave-

[1] Vico, p. 29.
[2] Études morales, tome II, p. 469.

nir aussi bien qu'au passé ? On peut sans témérité dire que
Vico n'y a pas même songé. La portée de son système ne va
pas au delà de ce qu'il appelle *l'âge* ou *l'état humain*. Quand
une nation y est arrivée, elle est à son apogée et ne tarde
pas à décliner. Et il nous explique, à la manière de Machiavel, comment la décadence une fois venue, une série de révolutions déterminées doivent se succéder, avant que l'édifice
détruit de la civilisation puisse se relever au prix de nouveaux labeurs. Mais il se relèvera, l'auteur l'affirme ; le phénix social, comme le phénix mythologique, renaît de ses cen-
dres. C'est précisément ce va et vient des sociétés, cette marche alternativement ascendante et descendante, qui a fait
donner quelquefois au système de Vico le titre de système des
ricorsi. C'est la seconde fois déjà que nous trouvons en Italie
cette théorie des retours historiques. Un autre philosophe Italien, M. Ferrari, vient encore de la reproduire sous une
forme nouvelle dans un livre contemporain : *Theoria Dei pe-*
riodi politici[1].

Mais, dira-t-on, une intelligence dépasse toujours le système qu'elle a conçu. Il n'est pas impossible que Vico, tout
en renfermant ses démonstrations dans certaines limites
scientifiques, ait eu personnellement des vues plus étendues, et
ait laissé échapper çà et là, dans l'exposé de sa doctrine pour
ainsi dire exotérique, quelques indices de sa pensée intime.
C'est ce qu'on a prétendu de nos jours[2]. Mais il ne faut pas
trop se fier sur ce point aux opinions contemporaines. Quand
on étudie le système de Vico plus d'un siècle après la mort
de l'auteur, et lorsque des travaux considérables sur le même
sujet l'ont éclairé dans son fond, dans tous ses tenants et
aboutissants, il est assez naturel que, par une sorte de mirage,
on croie voir l'idée du progrès indéfini en découler comme
une conséquence rigoureuse. Il est même facile de recueillir
un certain nombre de citations qui, présentées sous un aspect
et dans un ordre avantageux, puissent entretenir l'illusion.
Puis on dit : il eût été dangereux, dans un temps et dans

---

[1] Voir Revue philosophique ; 2e sem. 1876, p. 308.
[2] Voir de Ferron ; Théorie du progrès ; — et la princesse · Trivulce
de Belgiojoso, citée par Baudrillart : Études, t. II, p. 454.

une ville où régnait un despotisme jaloux et cruel, de donner à entendre que l'état de choses existant aurait pu être
meilleur. A l'époque où écrivait Vico, Fréret, même chez
nous, était enfermé à la Bastille pour un discours académique sur l'origine des Français. Qu'eût-ce été à Naples ? Cette
raison mérite sans doute d'être prise en considération, mais
elle n'est pas suffisante pour nous autoriser à lui prêter gra-
tuitement notre manière de voir. Gardons-nous de faire à
son sujet de *l'histoire subjective*, suivant son expression.

En somme, Vico fut un puissant esprit, au jugement même
d'Aug. Comte, qui le met bien au-dessus de Montesquieu
pour la force scientifique des conceptions, et qui trouve dans
quelques-uns de ses axiomes « un premier pas vers le sentiment de la véritable évolution sociale, quoique son état de
croyant ait aussitôt étouffé un pareil germe [1]. » Cependant
il mourut obscur et méconnu, sans laisser d'école après lui.
Seul Boulanger, quand il attribue au déluge et à la terreur
qu'inspira ce fléau l'origine des pratiques religieuses, semble
s'être inspiré de certain passage de la Science Nouvelle. Mais
qu'on passe en revue les différentes théories historiques qui
se sont produites dans le cours du XVIII° siècle, et l'on cons-
tatera facilement que Vico a été sans influence. Maupertuis,
par exemple, considère le langage comme une invention des
savants : il y a eu, selon lui, des philosophes qui, compre-
nant que sans les mots on ne pouvait fixer la mémoire, ont
proposé un système de signes que les peuples ont adopté.
Quelqu'un [2] a même avancé que d'Alembert, lui aussi,
n'est pas éloigné de partager jusqu'à un certain point cette
opinion, et qu'en lisant son *Discours préliminaire de l'Encyclopédie*, on serait tenté de comprendre que les premiers
hommes se sont distribué les travaux scientifiques, comme
aurait pu le faire une Académie de savants. Mais c'est là une
assertion exagérée. Tout ce qu'il est possible d'admettre,
c'est que d'Alembert, étudiant et analysant après coup l'enchaînement de nos sciences, a été obligé d'en établir une gé-
néalogie tout artificielle, et qu'il n'a pas assez clairement in-

[1] Lettre à Stuart-Mill, citée par Littré, p. 461.
[2] De Ferron, t. I, p. 107.

diqué leur développement concret et spontané. D'un autre
côté Court de Gébelin, Bailly et Dupuis, comme William
Temple au siècle précédent, insinuent encore qu'il y a eu un
monde primitif détruit par un cataclysme, et dont les débris
furent assez puissants pour former les civilisations de l'Inde,
de la Chine, de l'Egypte et de la Grèce. N'est-ce pas là une
sorte d'âge d'or transporté dans le domaine de la science ? Et
à cette liste ne faudrait-il pas ajouter le nom de Rousseau ?
Ce qu'il appelle l'*état de nature* n'est-il pas quelque chose
d'analogue ? Entre cette conception et celle du progrès « il
n'y a pourtant pas contradiction » a-t-on prétendu : « la nature humaine, qui fait partie de la nature générale, étant
perfectible, la nature devient progrès sans cesser d'être nature [1]. » Quoi qu'il en soit, la théorie de l'état de nature est
un chemin bien détourné pour arriver à l'idée du progrès.
Aussi n'est-il pas étonnant que Kant, qui cherche ailleurs à
mettre Rousseau d'accord avec lui-même, se soit moqué « des
bergers de Rousseau, de ces moutons arcadiens, de cette
paix heureuse du monde primitif [2]. »

Cependant la philosophie de l'histoire compte en France,
au XVIIIe siècle, plusieurs représentants illustres. Nous ne
nous étendrons ni sur Montesquieu ni sur Voltaire, parce
que leurs théories n'aboutissent pas, ou n'aboutissent que
très-indirectement à l'affirmation du progrès. Montesquieu
est un esprit trop exclusivement analytique, qui ne domine
pas les faits d'assez haut et n'en saisit pas bien l'enchaînement. Il y a sans doute au début de l'*Esprit des lois* des considérations générales ; mais c'est un hors-d'œuvre sans rapport avec ce qui suit ; d'ailleurs le vague qu'on y découvre,
quand on veut en approfondir le sens, prouve que l'auteur
n'avait pas des lois en général, et de la loi inductive en particulier, une idée suffisamment claire et exacte [3]. Il traite
l'histoire en froid politique, comme Machiavel ; le droit, en
jurisconsulte étroit, comme Grotius. Il explique les lois comme
les autres faits : il les prend telles qu'il les trouve en vigueur

---

[1] Debon ; Revue philosoph. 2e semestre, 1879, p. 436.
[2] Nolen ; Revue philosoph. 1er semest. 1880, p. 290 et suivants.
[3] Cf. Flint, p. 54.

dans un pays et à un moment donné de leur existence, sans s'occuper des formes qu'elles ont revêtues ailleurs, ni des transformations successives qu'elles ont subies avec le temps. Après avoir distingué le droit absolu du droit positif, il les confond aussitôt, mêlant le réel au rationel, le particulier au général, et cela sans transition, sans explication, on dirait à son insu. Aussi ne réussit-il qu'à trouver la raison immédiate, la cause seconde des faits pris isolément. Il explique ce qui est, comme pour échapper, a-t-on dit, au désir de rien changer. Il ne semble pas se douter que le mouvement est la condition naturelle de toute société. Pourquoi penserait-il au mouvement? Le climat, dont il exagère l'influence sur les institutions et les mœurs, ne varie pas dans le même pays [1]. Montesquieu aurait certainement profité davantage de la lecture de Vico, s'il était vrai, comme on l'a prétendu, que l'imprimeur lui eût furtivement communiqué les épreuves de la Science nouvelle à Venise, au moment où il méditait l'Esprit des lois [2].

Quant à Voltaire, il a sans doute rendu à l'art et à la science de grands services. Son *Essai sur les mœurs et l'esprit des nations* lui assure une place très-honorable à côté de Montesquieu. C'est beaucoup d'avoir cherché l'explication des événements humains dans les sentiments et les opinions des hommes, et de l'avoir fait avec une indépendance d'esprit à laquelle on n'était pas encore habitué. Ce livre, où l'érudition abonde et se dissimule avec art sous une forme toujours vive et sémillante, est pour tout le monde d'une lecture à la fois attrayante et instructive : il donne le goût de la philosophie de l'histoire. Malheureusement l'auteur, au lieu d'embrasser d'un regard unique la marche générale de l'humanité, s'arrête trop volontiers au détail confus des souffrances passagères, des révolutions locales, des ambitions mesquines, dont le spectacle tumultueux absorbe son attention. Les individus lui dérobent la vue du genre ; le mal particulier, celle du bien général ; les faits, celle de la loi

[1] Cf. Barni, t. I, p. 141-149, et De Ferron, t. I, p. 234.
[2] Voir Baudrillart, Études, t. II, p. 444, et Aug. Comte, lettre à Sᵗ-Mill citée par Littré, p. 461.

qui les domine. Il n'aperçoit guère que les causes subordon-
nées et les petites influences. Comme Locke, son maître,
c'est par l'opinion, la coutume, la force ou la ruse qu'il
explique ce qu'il appelle le caprice des événements. On se
sent pris de tristesse à l'énumération des violences et des
tyrannies contre lesquelles la liberté humaine se débat vainement depuis l'origine ; et, ne trouvant rien de consolant qui
repose l'esprit, on se demande avec découragement quand
viendra enfin le règne de la raison et de la justice, si toutefois il doit venir jamais. Voltaire semble l'espérer, mais on
ne voit pas sur quoi il fonde cette espérance. Il parle sans
cesse et semble attendre beaucoup du développement de la
science ; mais il est loin d'envisager toutes les conséquences
du progrès, dont la portée lui échappe. La science ne lui paraît pas un aliment destiné à toutes les intelligences ; c'est
un mets délicat que doivent se partager quelques heureux
conviés, et dont la multitude n'est même pas digne de ra-
masser les miettes. « La raison triomphera au moins chez les
honnêtes gens ; la canaille n'est pas faite pour elle [1]. » On
pourrait multiplier les citations de ce genre. L'idée du progrès, telle que l'eurent les Turgot et les Condorcet, ses amis
pourtant, ne pouvait s'accorder avec ces dédains aristocratiques. — La nature passionnée de Voltaire a contribué à rétré-
cir encore son horizon. Ce n'est pas lui qui aurait pu mettre
en tête de son livre : *sine studio et ira* [2] : il a des haines et des
préférences qui égarent trop souvent son jugement. On dirait
parfois qu'il cherche moins la vérité que des arguments à
l'appui de ses préventions. Sa conclusion n'a pas toujours
suivi, mais plus d'une fois précédé ses recherches. L'histoire
est pour lui moins un but qu'un moyen : il veut prouver une
thèse, *il écrit pour son couvent*. Il serait injuste assurément
de trop généraliser cette critique, qui ne s'applique bien qu'à
certains détails ; mais, au fond, elle n'est pas excessive. Voltaire est loin d'être toujours irréprochable même pour l'exactitude. Et ce n'est pas au défaut d'érudition qu'il faut s'en
prendre : il n'est pas ignorant, il est partial ; il a même sou-

[1] Correspondance avec d'Alembert.
[2] Tacite, annales, 1er §.

vent conscience, non pas de parler contre la vérité, ce qu'il
ne fait jamais, mais de ne pas dire la vérité entière et de la
présenter sous un faux jour, moins en l'altérant qu'en la mu-
tilant [1]. Ce poète qui voulait *frapper fort plutôt que juste* est
sujet à caution toutes les fois qu'il rencontre des faits en
opposition avec ses idées ou sa passion. Admirateur fanatique de la civilisation dans toutes ses manifestations, il professe pour tout ce qui nuit à son épanouissement une haine
implacable, sans mesure ni scrupule. Les expressions lui
manquent pour flétrir autant qu'il le voudrait la barbarie,
le despotisme, la superstition, l'ignorance. C'est d'un esprit
libéral et généreux sans doute ; mais il a le tort d'envelop-
per dans sa réprobation une longue série de générations que
leur malheur et leur bon vouloir rendent doublement intéressantes. Le Moyen âge lui inspire une répulsion inouïe : il
n'y voit que mœurs grossières, que coutumes barbares, que
force brutale, sans aucune compensation intellectuelle ni
morale. C'est pour un homme d'un goût si cultivé, pour le
plus délicat des poètes, un spectacle écœurant dont il dé-
tourne la vue avec mépris. « L'essai de Voltaire manque dé-
cidément de philosophie », s'écrie M. Flint [2], et il consacre
une page à le démontrer. C'est là une exagération. S'il était
permis de retourner, sans être accusé de jouer sur les mots,
une critique de l'Esprit des lois, nous dirions volontiers pour
conclure que l'Essai sur les mœurs, c'est *de la philosophie sur
l'histoire.*

A côté de Montesquieu et de Voltaire que d'écrivains il
faudrait citer, si l'on voulait donner une liste complète de
ceux qui ont contribué à élucider, développer et répandre
l'idée du progrès. La science, à cette époque, ne s'est proposé qu'un objet, l'homme ; qu'un but, l'amélioration du sort
de l'homme [3]. On a scruté ses origines, compulsé son histoire, étudié ses intérêts matériels et moraux, déterminé ses
droits, étendu et rectifié ses connaissances, cherché ses fins
et les moyens de l'y conduire aussi directement que possible :

[1] Cf. Baudrillart ; Études, t. I, p. 262.
[2] Page 91.
[3] Cf. Baudrillart ; Études, t. I, p. 219.

en un mot, on a interrogé son passé, examiné son présent
et songé à son avenir. Cette préoccupation des destinées humaines, qui absorba alors tous les esprits en France, et aussi
à l'étranger, ne pouvait manquer de préparer à Condorcet
des matériaux précieux et abondants. De plus il y eut deux
hommes qui peuvent être regardés comme ses précurseurs,
le premier a plus de quatre-vingts ans de distance, le second
a plus de quarante ans : l'abbé de Saint-Pierre, qui mourut
l'année même où naquit Condorcet et ne put exercer sur son
esprit qu'une influence lointaine et indirecte ; et Turgot, qui
fut son ami et jusqu'à un certain point son inspirateur.

Quand l'abbé de Saint-Pierre commença à penser, l'idée
du progrès était déjà très-répandue. Comme elle avait une
grande affinité avec la nature de son esprit, il l'adopta aussitôt, il la développa avec amour et ne cessa, tant qu'il vécut,
de la propager avec une affection aussi paternelle que l'idée
de la *paix perpétuelle*, dont elle est la sœur. N'allons point
demander au bon abbé une démonstration en règle de son
opinion ; la foi et l'amour ne se raisonnent pas : il aime les
hommes et il croit au progrès, c'est sa constitution morale
qui le veut ainsi. Mais il est persuadé qu'il ne se trompe pas.
Quoique naïf, il est de ces esprits sagaces qui devinent d'instinct ce que les autres ne découvrent qu'après de longs tâtonnements. A quoi bon feuilleter des volumes pour démontrer à
grands frais d'érudition ce qui lui paraît évident comme un
axiome ? La vie est trop courte, dirait-il, pour perdre ainsi
un temps précieux. Dire qu'il croit à la loi du progrès serait
mal rendre sa pensée : sa vue n'embrasse pas cette vaste
abstraction. Le progrès pour lui est moins une loi générale
qui pousse vers le mieux l'humanité, que le perfectionnement
constant et en détail de tout ce que font les hommes : l'abbé
est pratique avant tout. Son esprit impatient saute d'un bond à
une théorie générale ; mais cette théorie, toute d'intuition,
n'est point une construction scientifique, c'est comme un
édifice provisoire, d'où il lui est plus facile de diriger vers un
but unique et commun les progrès partiels qu'il médite. Ses
projets de réformes s'étendent à tant d'objets différents, que
ses efforts ont besoin d'être coordonnés sous peine de rester

stériles. Il le sent bien, et voilà pourquoi il a ébauché une
apparence de synthèse. Ce n'est pas en effet ceci ou cela
qu'il veut perfectionner, c'est tout ce qui émane du génie
humain : les arts et les lettres, les sciences et l'administration, la politique et la religion. Ce qui le distingue de ses
devanciers et de ses contemporains, c'est sa foi inébranlable
dans l'avenir, c'est l'heureuse décision avec laquelle il aborde
de front chaque vice d'organisation, chaque théorie surannée,
chaque routine invétérée, chaque défectuosité qu'il aperçoit ;
c'est surtout la large part qu'il fait sans hésiter à l'initiative
humaine dans l'œuvre du progrès. Il a de notre raison et de
notre volonté une opinion si haute, qu'il ne tient pas un
compte suffisant du progrès inconscient qui nous a amenés
où nous sommes. Partout il voit l'homme naturellement,
mais volontairement progressif, même dans le passé le plus
reculé. Il ne nie point la loi suprême qui conduit l'humanité
à ses fins, mais il la déclare impuissante quand l'homme résiste à son impulsion.

C'est dans cet ordre d'idées qu'il se place pour étudier la
marche du progrès dans le passé et pour le préparer dans
l'avenir. Il ne faut donc point s'étonner si les résultats déjà
acquis ne lui paraissent rien à côté de ceux qu'on doit attendre : « le genre humain n'est encore que dans l'enfance de la
raison, en comparaison de ce qu'il sera dans cinq ou six mille
ans ; et alors même il ne sera que vers le commencement de
la première jeunesse, si on le compare à ce qu'il doit être un
jour. » Les poètes ont parlé d'un âge d'or ; mais « ils ont
feint follement que cet âge a été le premier ; c'est dans l'avenir qu'il faut le placer et non au temps de Saturne. » Et il décrit avec complaisance les délices de cette espèce de *Paradis
sur la terre*. L'accusera-t-on d'utopie ? Ce serait à tort : l'imagination ne fait pas à beaucoup près tous les frais de cette
description. L'abbé est trop positif pour tomber dans une
pure rêverie. Ce qu'il prévoit dans l'avenir, il ne l'imagine
pas, il l'induit. Que son induction soit hardie jusqu'à la témérité, qu'il y ait du vague et de l'à peu près dans ses conclusions, que son esprit soit souvent la dupe de son cœur ;
c'est possible, c'est même naturel : pouvait-on pénétrer alors

autrement qu'en tâtonnant dans cette région encore si peu
explorée de la science ? Et pourtant, malgré les difficultés de
l'entreprise, il est arrivé à des résultats sérieux. Non seulement il a découvert où nous allons, mais il a discerné, il a
compté les obstacles qui gênent notre marche et indiqué les
moyens de les surmonter. Pour cela il a dû appuyer ses raisonnements sur un certain nombre de faits principaux et so-
lidement établis. Qu'on le voie à l'œuvre : il ne tranche jamais
les questions en illuminé, mais il les résout, il a du moins la
prétention de les résoudre en logicien ; il raisonne froidement, il calcule presque. Si nous sommes encore si peu
avancés, cela tient à trois causes : la guerre, la superstition
et le despotisme, qu'il considère comme à la veille de disparaître grâce aux réformes qu'il propose. Voilà pourquoi il
estime que nous sommes encore dans l'âge d'argent, mais
que nous touchons au commencement de l'âge d'or : « Les
Européens vont prochainement y arriver, et après eux successivement tous les habitants de notre globe. » Si l'humanité a pu, malgré ces obstacles, se maintenir dans la voie du
progrès, que sera-ce quand ils auront été renversés ? Que
sera-ce surtout, quand des institutions nouvelles en accélère-
ront la marche, au lieu de l'entraver ? Le mal est venu de
l'ignorance ; à la science la noble tâche de le réparer. C'est
elle qui fera disparaître la guerre, la superstition et le despotisme ; c'est elle qui éclairera de ses lumières et poussera
sans cesse vers le mieux les générations futures.

M. Goumy [1] reproche à l'abbé de Saint-Pierre d'être allé
trop loin dans son affirmation du progrès ; et, pour le prouver, il expose à sa façon les idées de l'auteur en les exagérant quelquefois jusqu'à l'absurde. Par exemple, là où l'abbé
a dit : « les illusions, qui sont les principales causes des
grandes passions, diminueront sûrement tant en qualité
qu'en quantité, à mesure que la raison se perfectionnera ; »
M. Goumy ajoute comme commentaire : « plus de passion,
plus d'imagination, plus de fanatisme ! Au lieu de tout cela,
la pure raison, la raison mathématique et démonstrative !

---

[1] Thèse sur l'abbé de S.-Pierre, page 153.

Que les hommes serons parfaits ! » Mais que peut-on trouver
là à reprendre, sinon l'exagération du commentateur, qui
voulait, paraît-il, placer coûte que coûte sa petite citation
d'Alf. de Musset ? Il suffit de jeter les yeux sur les tableaux
de la statistique pour constater que, plus la raison est développée par l'éducation et l'instruction, plus sont rares les actes criminels que la passion brutale fait commettre.

L'abbé fut peu compris de ses contemporains et il n'y a
pas lieu de s'en étonner beaucoup. Ces esprits prime-sautiers
déroutent le public habitué à une allure plus compassée.
Puis, quand on émet tant d'idées nouvelles, et qu'on propose
tant de réformes à la fois, on prête toujours par quelque
côté le flanc à la critique, et la critique est alors d'autant plus
impitoyable qu'elle a ou des préjugées, ou des intérêts à défendre. C'est ce qui arriva à l'abbé de Saint-Pierre : on l'eut bien
vite tourné en ridicule ; et, en France, le ridicule est presque mor-
tel. « Son œuvre semblait condamnée à l'oubli, cette paix perpétuelle des écrivains ennuyeux, » dit M. de Molinari, quand
notre siècle s'est mis à l'étudier, et a reconnu qu'il n'a paru
ridicule à ses contemporains que pour avoir pris les devants
sur la vérité solide et démontrée [1].

Turgot, dans sa conception du progrès, est bien supérieur à l'abbé de Saint-Pierre ; ce qui n'était qu'une vague
intuition, est devenu une idée nette, scientifique. Les bons esprits soupçonnaient des lois présidant à la marche des événements ; mais quelles étaient-elles ? On ne le savait pas encore
précisément : les recherches jusque-là étaient restées presque sans succès. Vico lui-même, enfermé à l'étroit dans les
limites jalouses de la science et de l'orthodoxie de son temps,
n'avait vu que le progrès partiel et passager des nations. Il
fallait se placer plus haut et embrasser d'un seul regard
l'humanité tout entière pour apercevoir les lois générales
auxquelles elle obéit. C'est ce que fit Turgot à l'âge de vingt-
trois ans.

Il eut, en 1750, à prononcer deux discours en Sorbonne.

---

[1] Cf. Baudrillart ; Études, tome II, p. 357.

Il prit pour sujet du premier, *Les avantages que l'établisse-ment du christianisme a procurés au genre humain;* et, pour su-jet du second, *Les progrès successifs de l'esprit humain.* C'est dans ces deux discours, qui se complètent l'un l'autre, que nous trouvons toute sa pensée sur le progrès. Le premier peut être regardé comme le préambule du second. La doctrine de la perfectibilité continue lui paraît difficile à soutenir, si l'on admet, avec certains prôneurs de l'antiquité ou certains phi-losophes du XVIII⁰ siècle, que le Moyen âge a été un temps d'arrêt dans la marche de la civilisation. Il s'efforce de prou-ver au contraire qu'alors, comme auparavant, et même plus qu'auparavant grâce à l'influence du Christianisme, le per-fectionnement moral de l'individu et le progrès des institu-tions n'ont pas cessé. C'est ce qu'il lui importait d'établir tout d'abord, puisqu'il donne pour base à son système cette idée fondamentale que le présent est né du passé et doit en-fanter l'avenir. Cela posé, il pouvait aborder franchement le sujet du second discours. Ce tableau des progrès successifs de l'esprit humain n'est, et ne pouvait être dans un opuscule académique, qu'une esquisse à grands traits des différentes phases de la civilisation; mais tel qu'il est, il mérite une place des plus honorables. Que d'érudition solide! que de vues originales et vraies! Comme l'auteur embrasse puis-samment son sujet; et avec quelle sûreté il démêle à travers les âges cette longue suite de causes et d'effets qui relient l'état présent du monde à tous ceux qui l'ont précédé[1].

Turgot commence par distinguer deux époques dans la vie des hommes: l'une antérieure à l'histoire, l'autre qui commence avec les temps historiques. Dans la première il nous les mon-tre se nourrissant d'abord des fruits que la terre leur donne sans culture, puis des produits de la chasse; passant ensuite à la vie pastorale, qui favorise la formation de la tribu, mais aussi la naissance et l'organisation de l'esclavage; parvenant enfin à la vie agricole, qui voit éclore, au sein des cités nou-vellement fondées, les premiers germes de ce qu'on peut ap-peler proprement la civilisation. — Arrivé aux temps histo-

[1] Cf. Mastier, p. 19 et passim.

riques, il fait une revue rapide des peuples qui ont été l'un après l'autre à la tête de l'humanité dans sa marche vers le progrès : les Phéniciens, les Grecs, les Egyptiens, qu'il aurait pu citer deux fois, car l'Egypte des Ptolémées, quelque brillante qu'elle soit, ne fait pas oublier la vieille Egypte des Sésostris ; puis les Romains qui ont conquis le monde et l'ont démoralisé ; enfin les nations qui se sont formées des débris de l'empire d'Occident ; lesquelles, ravivées dans leur anémie par l'infusion du sang plus jeune des barbares, et retrempées dans leur moralité par les principes du Christianisme, sont devenues, dans l'âge moderne, les dépositaires par excellence de toutes les sciences, de tous les arts, de tous les éléments de la civilisation.

Mais cette étude sommaire des empires ne sort pas sensiblement du domaine de l'histoire ordinaire. Turgot ne pouvait s'arrêter là ; son esprit philosophique devait s'élever à une synthèse plus puissante, qui coordonnât cette masse de faits de telle sorte, que la loi, dont ils ne sont que l'expression, apparût dans une lumineuse évidence. Cette loi, on peut la résumer ainsi : le genre humain a passé, en progressant, par trois phases successives qui sont pour l'espèce ce que les âges sont pour l'individu. Chaque période de développement a eu sa méthode propre de raisonnement : d'abord méthode théologique, qui explique tout par l'intervention incessante des dieux ; méthode métaphysique ensuite, qui remplace les dieux par des abstractions ; enfin méthode scientifique, dont toutes les hypothèses peuvent être développées par les mathématiques et vérifiées par l'expérience. Cette idée des trois états est vieille comme la philosophie. Elle avait cours en Egypte avant Hérodote ; Varron l'avait reproduite dans un ouvrage perdu [1] ; Amaury de Chartres l'a exprimée au Moyen âge sous une forme théologique ; Vico s'en est servi pour déterminer les trois phases de son progrès partiel ; mais Turgot se l'est appropriée en lui donnant une extension qu'elle n'avait pas avant lui : c'est en s'appuyant sur elle qu'il a expliqué la plupart des faits sociaux [2]. Auguste Comte

[1] Scientia rerum divinarum atque humanarum.
[2] Cf. Flint, F. p. 78 et 79.

la reprendra plus tard et cherchera à la donner comme une
vérité rigoureuse et scientifique : mais qu'il y réussisse, ou
non, il n'enlèvera pas à Turgot l'honneur d'en avoir tiré
avant lui un parti sérieux et légitime.

M. Mastier [1] reproche à Turgot d'avoir manqué de précision dans ses idées sur la perfectibilité. Il est vrai qu'il aurait
pu distinguer plus nettement le développement spontané du
développement conscient, l'âge de l'opinion de celui de la
conviction ; qu'il aurait dû insister davantage sur le progrès
moral et sur l'influence bienfaisante de l'idéal qu'expriment
les beaux-arts. Il est encore vrai que sa théorie est incomplète en ce qu'elle ne nous assure rien de positif au delà du
présent [2]. Le sens scientifique est enfin parvenu à la maturité ;
sa victoire sur les conceptions surannées des âges précédents
est certaine et définitive ; nous sommes entrés dans une phase
nouvelle : c'est démontré. Mais cette phase sera-t-elle suivie
d'une autre, où sommes-nous déjà à la dernière étape du
progrès ? Turgot semble avoir évité de se prononcer nettement à ce sujet. Cependant, dira-t-on, s'il n'affirme pas ex-
plicitement la continuation indéfinie du progrès, il y a lieu
de croire qu'il l'admet implicitement, comme conséquence
des résultats acquis dans le passé. Les causes restant les
mêmes, pourquoi cesseraient-elles de produire les mêmes
effets ? Il faut remarquer d'ailleurs qu'il paraît avoir une
grande confiance dans l'avenir. C'est là sans doute ce qui a
trompé certains critiques : ils ont voulu voir dans les Discours
en Sorbonne un *programme prophétique des destinées du genre
humain*. C'est une illusion de leur part. Turgot affirme que
le présent enfantera l'avenir, mais il ne dit pas avec précision quel sera cet avenir. On peut même noter qu'après
avoir déclaré que « la libre manifestation de toutes les facultés humaines et la diversité des situations sont deux conditions
essentielles du progrès », il avoue que ces deux conditions
peuvent ne pas être remplies, comme cela a eu lieu chez les
Chinois. Alors qu'arrive-t-il ? Si ce n'est pas la décadence, c'est

[1] Thèse sur Turgot.
[2] Cf. De Ferron, t. I, p. 258 et 259.

tout au moins l'immobilité ; et qui nous assure que cet état ne peut pas être universel et durable ?

Cependant n'exagérons rien. Si sa conception de la perfectibilité n'a pas toute la netteté désirable, il a du moins clairement expliqué comment et en quoi il entend que l'être humain est perfectible. Les hommes progressent parce qu'il ont la raison et par suite le langage (*ratio et oratio*). La faculté de parler et celle d'écrire, qui en dérive, en leur donnant le moyen de s'assurer la possession de leurs idées et de les communiquer aux autres, leur ont permis de former un trésor commun qui se transmet de génération en génération, ainsi qu'un héritage, toujours augmenté des découvertes de chaque siècle : c'est là une affirmation précieuse, que nous avons regretté de ne pas trouver dans Vico. De là il résulte que le progrès de la science est le progrès fondamental ; quand elle se développe, tous les autres éléments de la civilisation ne peuvent manquer de se développer aussi, avec d'autant plus de rapidité qu'ils en sont des dépendances plus directes. Vulgariser la science, c'est donc travailler au progrès de la manière la plus efficace. Turgot n'avait donc garde d'oublier l'instruction : pour lui, comme pour l'abbé de Saint-Pierre et pour Condorcet, c'est là le moyen de progrès le plus puissant [1].

Il est moins bien inspiré quand il attribue aux passions, qu'il considère, non comme des obstacles, à l'exemple de l'abbé de Saint-Pierre, mais comme des auxiliaires, une influence bienfaisante. Effrayé, non sans raison, de l'état de prostration où conduit soit le despotisme politique ou religieux, soit la foi excessive dans la sagesse des ancêtres, soit tout autre accident de la vie morale ou sociale d'une nation, il invoque, pour combattre cette funeste apathie, le secours de la faculté qui donne le branle aux autres : on ne saurait l'en blâmer, s'il n'avait pas le tort d'accepter sans condition les services de cette dangereuse alliée. Appliquant par une fausse analogie à la nature morale ce qui n'est démontré que de la nature physique, il prétend que tout ce qui

[1] V. Lettre à madame de Graffiguy ; t. II, p. 786 et 787. — V. son Mémoire à Louis XVI, cité par Foncin, p. 560.

agite échauffe et éclaire ; et, poussant son idée jusqu'au
bout, il amnistie, que dis-je ? il regarde comme des événements heureux pour l'humanité les guerres, les conquêtes, les
ravages, en un mot toutes les conséquences de la fureur pas-
sionnelle : « la civilisation marche à travers les ruines, non
pas malgré les bouleversements et les crimes, mais par l'effet
même des bouleversements et des crimes[1]. » Quoique cet optimisme, renouvelé de Leibnitz, ait trouvé depuis dans Hegel
et M. Herbert Spencer d'illustres partisans, nous n'hésitons
pas à dire, avec M. Renouvier : « il n'est pas prouvé, il n'est
pas vrai que la mission du progrès soit confiée à la guerre ;
car la guerre prépare la guerre, la conquête sème la révolte,...
...car la guerre c'est le mal[2]. » Cependant cette fausse vue de
Turgot ne doit pas nous empêcher de rendre justice aux idées
heureuses et fécondes qu'il a développées dans ses Discours en
Sorbonne et qui n'ont cessé de le guider dans tout le cours de
sa carrière politique.

Tel était l'état de la question au moment où Condorcet
l'aborda. Nous n'avons parlé ni de Lessing, qui, dans son
Éducation du genre humain, propose de perfectionner le christianisme pour perfectionner l'homme indirectement ; — ni de
Kant, dont l'*Idée d'une histoire universelle*, louée outre mesure
par Aug. Comte, n'est somme toute, au jugement de Littré[3],
qu'une vue subjective indûment transportée dans le domaine
objectif,... qu'une intuition, non une démonstration ; — ni
de Herder, qui, dans ses *Idées sur l'histoire de l'humanité*, n'a
fait que développer, en l'étendant toutefois, la pensée de
Leibnitz sur la vie universelle. Condorcet, absorbé dans ses
dernières années par les affaires politiques, n'a point lu ces
auteurs dont les ouvrages n'ont d'ailleurs été traduits en français que beaucoup plus tard ; et, les eût-il lus, qu'il en eût probablement tenu peu de compte : cette philosophie allemande,
qui se perd souvent dans les nuages d'une vague spéculation,
ne pouvait guère avoir prise sur cet esprit essentiellement

[1] Mastier, p. 311.
[2] 4° Essai, p. 151 et 712.
[3] Littré ; Aug. Comte, p. 69.

positif. A-t-il même connu la Méthode historique et la Science nouvelle ? C'est douteux : l'opuscule latin de Bodin a passé inaperçu à travers le xvii° et le xviii° siècle ; et, si Condorcet avait lu Vico, il y a lieu de croire qu'il n'aurait pas affirmé avec tant d'assurance que les Décemvirs firent le voyage d'Athènes pour y étudier les lois de Solon. Quant aux idées de l'abbé de Saint-Pierre et à ses nombreux projets de réformes, il a dû au moins en entendre parler et n'a pu manquer de rendre justice aux bonnes intentions de cet honnête philantrophe ; mais il n'est point probable qu'il se soit inspiré de ses élucubrations trop souvent indigestes. Citant lui-même ceux qui ont les premiers prêché la doctrine dont il se fait l'apôtre à son tour, il ne se réclame que de trois précurseurs : Turgot, l'économiste Price et le savant théologien Priestley[1]. Est-ce à dire qu'il renie les autres pionniers qui lui ont ouvert la voie ? Non ; mais il n'a point pratiqué leurs écrits. Ce n'est pas dans les livres qu'il a puisé les éléments de sa théorie ; il les a trouvés en lui et autour de lui, dans le milieu où il vivait, et, pour ainsi dire, dans l'air ambiant. Les Bacon, les Descartes, les Voltaire, les Turgot avaient créé une sorte d'atmosphère philosophique qu'il n'a eu qu'à respirer. Si nous avons passé en revue les principaux promoteurs de la science du progrès, ce n'est donc pas pour chercher à rétablir les traces d'une filiation insaisissable, c'est plutôt pour montrer que la prétendue *Utopie* de Condorcet n'est que le développement naturel d'une idée déjà vieille et signée des noms les plus autorisés.

[1] Condorcet, t. VI, p. 195.

DEUXIÈME PARTIE

Les dix époques.

L'ouvrage dans lequel Condorcet expose ses idées sur le progrès indéfini a été écrit, du 31 mai 1793 au 25 mars 1794, dans une petite chambre de la rue Servandoni, chez Mme Vernet, où il avait trouvé un asile après sa condamnation. Le titre que les premiers éditeurs lui ont donné : *Esquisse d'un tableau historique des progrès de l'esprit humain*, est tiré d'un *Avertissement*, qui devait être placé en tête du livre. Ce n'est pas celui que l'auteur avait choisi ; il l'avait intitulé *Prospectus*, voulant indiquer par là qu'il traçait seulement les grandes lignes d'un ouvrage plus étendu, dont il n'a pu rédiger que quelques fragments épars, mais qu'il méditait depuis longtemps. Car ce ne fut pas au dernier moment de sa carrière qu'il commença à étudier le problème de la perfectibilité. Il s'éprit vite et tôt de cet objet, qui répondait à la fois aux besoins de son cœur et à ceux de son intelligence. Durant de longues années il ne cessa de l'observer sous toutes ses faces. L'effervescence du milieu nouveau, où les événements le jetèrent brusquement, contribua peut-être à hâter l'éclosion de sa pensée définitive ; mais c'est le seul résultat qu'il faille attribuer à cette influence extérieure. Depuis longtemps son esprit était *entiché de la perfectibilité de l'espèce humaine*[1], comme il l'avoue lui-même dans une lettre qui remonte au premier ministère de Necker. En 1782, quand il fut admis à l'Académie française, c'est le sujet qu'il choisit pour

[1] Mémoires de Cond. tome 1, p. 135.

son discours de réception [1]. Ce discours résume si bien les
idées qu'il a développées onze ans plus tard, que les éditeurs
de ses œuvres auraient pu le placer en tête de l'Esquisse,
comme introduction.

Avant d'entrer en matière, Condorcet nous apprend, dans
un premier chapitre qui sert comme de préambule, quel sujet il se propose de traiter, quelle méthode il suivra et à
quelle conclusion il doit arriver. Le tableau qu'il présente
est un tableau *historique*, puisqu'il se forme par l'observation successive des sociétés humaines aux différentes époques qu'elles ont parcourues [2]. Il ne veut pas, à l'exemple
des métaphysiciens, se borner aux faits généraux et aux lois
constantes que présente le développement des facultés [3] : il
tiendra compte des perpétuelles variations qui se succèdent,
pour mieux montrer l'influence que chaque instant exerce sur
l'instant qui le suit. Aussi, au lieu de diviser l'histoire,
comme Turgot, en trois grandes périodes répondant chacune
à l'une des phases du progrès, il préfère, comme Bossuet, la
division en *Époques*, moins lumineuse sans doute et moins
scientifique, mais qui permet de suivre de plus près la marche accidentée de l'histoire, et de multiplier les observations.
Il prendra donc, de distance en distance, un fait important,
autour duquel il groupera tous les autres, d'après les rapports
d'influence ou de conséquence qui les y rattache. Mais, à l'exemple de Turgot, il pose en principe que le présent est né du
passé et doit enfanter l'avenir. Les neuf premières Époques
ne sont, comme les Discours en Sorbonne de son ami, que le
développement du premier terme de cet aphorisme ; dans la
dixième il en développe le second ; ou, suivant son expression pleine de modestie, « il hasarde quelques aperçus sur
les destinées futures de l'espèce humaine [3]. » Son but est de
conduire aux moyens d'assurer et d'accélérer les nouveaux
progrès que la nature nous permet d'espérer ; c'est aussi de
nous prémunir contre le découragement et de stimuler notre

[1] V. Œuvres, tome I, p. 389-415.
[2] Œuvres, tome VI, p. 13.
[3] Idem, p. 12.
[4] Idem, p. 21.

zèle, en nous prouvant par le raisonnement et les faits « que
la nature n'a marqué aucun terme au perfectionnement des
facultés humaines ; que la perfectibilité de l'homme est réellement indéfinie ; que les progrès de cette perfectibilité, désormais indépendants de toute puissance qui voudrait les arrêter, n'ont d'autre terme que la durée du globe où la nature
nous a jetés[1]. » On ne saurait être plus affirmatif.

Faire l'histoire du progrès, c'est faire en même temps
celle des erreurs qui l'ont rendu si lent et si laborieux ;
c'est raconter les combats incessants du genre humain contre
les obstacles sans nombre qui ont retardé sa marche. Il n'y
a point de peuple, point de génération qui n'ait eu à lutter.
Dans tous les pays, à toutes les époques, sous toutes les formes de gouvernement, il y a eu des préjugés différents, dont
le succès passager, mais souvent long, a produit des temps
d'arrêt, des réactions, quelquefois des reculs considérables.
« L'histoire de ces combats ; celle de la naissance, du triomphe et de la chute des préjugés occupera donc une grande
place dans cet ouvrage, et n'en sera la partie ni la moins importante, ni la moins utile[2]. » Ce n'est pas qu'on ait autant à
redouter, que dans le passé, la terrible influence des erreurs
et des superstitions ; l'état actuel des lumières et la profonde
révolution qui s'opère dans les idées et dans l'assiette sociale
nous promettent une victoire assurée ; mais pour qu'elle ne
soit ni lente à venir, ni chèrement achetée, ni incomplète
dans ses effets, il faut « étudier dans l'histoire de l'esprit humain quels obstacles nous restent à craindre et quels moyens
nous avons de les surmonter[3]. »

PREMIÈRE ÉPOQUE

Les hommes réunis en peuplades.

La première Époque, comme les deux suivantes, a un grave
défaut, c'est de n'être d'un bout à l'autre qu'une histoire hy-

---

[1] Œuvres, tome VI, p. 13.
[2] Idem, p. 22.
[3] Idem, p. 24.

pothétique. On dirait que Condorcet s'est laissé tenter par
l'exemple de ses contemporains. Alors la question des origines était à l'ordre du jour de la philosophie. D'Alembert
avait naguère cherché la filiation des connaissances humaines ; Montesquieu, la raison des lois ; Buffon, les premières
émotions de l'homme s'éveillant à la vie ; Condillac, la
source de nos idées ; Rousseau, la cause de l'inégalité parmi
les hommes. N'était-il pas naturel que Condorcet, à son tour,
voulût remonter jusqu'aux premiers principes de la civilisation [1] ? Mais il est trop bon logicien pour donner à ses conjectures plus d'importance qu'elles n'en méritent. L'histoire,
même légendaire, nous fait défaut dès que nous nous aventu-
rons au delà de certaine limite ; « aucune observation immédiate ne nous éclaire ; nous sommes donc réduits à deviner [2]. »
C'est ce qu'il a osé faire, il n'en disconvient pas ; que dis-je ?
par un scrupule assez rare chez les esprits systématiques, il
va jusqu'à laisser le choix entre plusieurs hypothèses qu'il
présente l'une après l'autre, en donnant les motifs de sa préférence pour la première [3].

La première Époque a été intégralement développée dans
un long *fragment*, qui devait être le premier chapitre de
l'ouvrage projeté. Il comprend trois parties bien distinctes :
d'abord une étude psychologique des facultés humaines et de
leur influence sur la formation des premiers éléments sociaux ; ensuite un tableau des inventions primitives et du
progrès matériel et moral qui en résulta dès l'origine ; enfin
un second tableau, triste pendant du premier, où l'on voit
poussant peu à peu et prenant racine dans le monde, le vice,
l'erreur, la superstition, conséquences presque fatales du développement primordial des facultés morales et intellectuelles : car « n'est-il pas dans la nature d'un être borné de ne
pouvoir acquérir quelque perfection sans un apprentissage
marqué par des fautes et des bévues [4] ? »

[1] Cf. H. de Ferron ; Théorie du progrès.
[2] Cond. ; tome VI, p. 380 et 19.
[3] Pages 220-222.
[4] Page 378.

Nous ne suivrons pas l'auteur dans son étude sur le premier fonctionnement de nos facultés et sur l'origine du langage. Étant données les idées philosophiques qui avaient cours à la fin du xviiie siècle, on voit facilement comment Condorcet pouvait, après Locke, Condillac et les philosophes de l'école écossaise, expliquer l'avènement graduel de l'homme sauvage à la vie morale et intellectuelle. Il faut dire pourtant qu'il a su se soustraire à l'influence directe et exclusive de toute doctrine systématique: il n'est le disciple servile d'aucun maître, quoiqu'il incline de préférence vers le sentimentalisme d'Adam Smith.

Nous n'insisterons pas non plus sur l'histoire des premières inventions. C'est un exposé où abondent les vues ingénieuses, les remarques fixes, les considérations profondes ; on y trouve des pages réellement belles et des descriptions brillantes qui font honneur au talent de l'écrivain. Les hypothèses offrent d'ailleurs un haut dégré de probabilité : si elles ne sont pas vraies, elles sont au moins très-vraisemblables ; et les conjectures, en pareille matière, peuvent être téméraires sans graves conséquences.

La partie la plus remarquable de ce long fragment, c'est l'étude des erreurs qui ont retardé et peuvent retarder encore la marche du progrès. Il ne suffisait pas ici de signaler les effets, il fallait aller jusqu'aux causes : c'est dans la racine qu'on attaque le mal pour le détruire. Cette étude analytique et psychologique de la routine, du préjugé, de la superstition, en un mot de l'erreur sous toutes ses formes, est pleine d'intérêt et d'originalité ; elle pourrait sans désavantage figurer, dans un traité de logique, à côté des classifications beaucoup plus compliquées de Nicole et de Bacon. Au lieu d'imiter ces illustres devanciers et de s'arrêter, comme eux, à mi-chemin pour compter les différents courants qui nous entraînent au paralogisme, il remonte jusqu'à la source même et constate qu'elle est unique, quels que soient le nombre et la variété des erreurs qui en découlent. D'après lui, nous ne nous trompons que parce que nos jugements sont confus. Si nous avions un conscience distincte de toute adhésion que nous donnons aux propositions; si nous pouvions séparer,

même d'une manière grossière, le motif de cette adhésion du
sentiment qui nous porte à la donner, l'erreur deviendrait
une exception [1]. Malheureusement l'abstraction est un pro-
cédé que la science n'a trouvé que fort tard, et dont il est
toujours difficile de bien user. Rien n'est abstrait dans le
monde : nos facultés sont concrètes et les objets sur lesquels
elles s'exercent le sont également. Notre esprit n'est frappé
que par des groupes de sensations et d'idées qui lui arrivent
simultanément, et qu'il est incapable d'analyser, si une longue
expérience n'a pas fait son éducation. Les langues en sont
une preuve frappante. Même aujourd'hui, que la science est
arrivée à une certaine maturité, combien trouve-t-on dans
les dictionnaires de mots purement abstraits ? Il n'y en a
qu'un très-petit nombre ; et encore ces quelques mots scientifiques sont-ils de fraîche date, s'ils ont même cessé d'être
des néologismes [2]. La confusion qui est dans l'esprit ne peut
donner lieu qu'à des erreurs particulières; mais elle passe
ensuite dans les mots et alors elle se répand, se généralise,
se perpétue, favorisée qu'elle est par la manie de l'imitation in-
hérente à notre nature, souvent aussi par les sophismes intéressés et les sourdes menées de ceux qui aspirent à dominer
sur les autres. La routine s'exerce de cette façon sur une
vaste échelle et transmet de peuple à peuple, de génération
à génération, des erreurs qui s'enracinent, se ramifient et
se multiplient de plus en plus, en dépit de la raison, qui pro-
teste vainement sans pouvoir se faire entendre. L'erreur d'un
homme se communique à tous ; l'erreur d'une époque passe
insensiblement par voie de tradition aux époques suivantes.
Bientôt c'est un préjugé qui, de traditionnel, devient constitu-
tionnel et ne peut plus être extirpé qu'à la longue, à force
d'efforts répétés pendant un nombre incalculable de siècles.

[1] Cf. p. 316 et 317.
[2] Cf. p. 369.

DEUXIÈME ÉPOQUE

Les peuples pasteurs.

La deuxième Époque n'occupe que quelques pages du Prospectus. Condorcet, reprenant l'hypothèse de Turgot, explique comment les hommes de chasseurs sont devenus pasteurs, et quels ont été les bons et les mauvais résultats de ce changement.

Il se demande ensuite pourquoi certaines nations sont restées, depuis un temps immémorial, dans l'état pastoral, quelquefois même dans l'état précédent sans se laisser pénétrer par le progrès des peuples voisins. Est-ce au climat, aux vieilles habitudes, aux charmes d'une vie plus libre, au spectacle peu séduisant pour elles des besoins factices qu'engendre le développement de la civilisation et du bien-être, qu'on doit attribuer cette exception à la règle commune ? Ou bien faut-il s'en prendre, comme Turgot l'a fait pour expliquer l'immobilité des Chinois, au manque d'excitations passionnelles et de diversité dans les situations ? Question difficile, mais importante, qu'on ne peut négliger sans laisser planer des doutes sur l'universalité de la loi du progrès. Condorcet est d'avis que toutes ces causes partielles ont dû contribuer plus ou moins à cette anomalie ; mais il en est une plus générale, qui les résume toutes, et dont il se propose d'analyser plus tard les effets : c'est le despotisme patriarchal, qui, parce qu'il est moins violent, a plus de chances de durée que le despotisme militaire. Les ennemis du progrès n'ont pas manqué de vanter le bonheur et les vertus de ces nomades, qui n'ont ni les besoins factices, ni les vices des peuples plus civilisés. Notre philosophe pouvait se dispenser de répondre à cette objection indirecte : quel esprit sérieux a jamais cru de bonne foi que la science corrompt, ou que les Arabes vagabonds sont plus moraux et plus heureux que les peuples policés ? Rousseau peut-être, mais lui seul.

TROISIÈME ÉPOQUE

Progrès des peuples agriculteurs, jusqu'à l'invention de l'écriture alphabétique.

Le passage de l'écriture hiéroglyphique à l'écriture alphabétique est bien un fait historique, mais un fait complétement indéterminé. Qui pourrait dire avec quelque précision chez quel peuple et à quelle époque ce changement s'est produit? Il y a eu probablement une transition insensible, précédée de longs tâtonnements, qu'aucune donnée positive ne nous permet d'apprécier. Aussi est-il permis de s'étonner que Condorcet ait fait reposer sur un événement si vague la distinction entre deux Époques, et cela à l'entrée des temps historiques.

La troisième Époque cependant est une étude des plus intéressantes. En lisant le Prospectus, on regrette que l'auteur n'ait pas pu le développer. La différence des mœurs pastorales et des mœurs agricoles ; l'origine de l'art et du despotisme militaires ; la raison de la coexistence dans la même société de deux peuples n'ayant ni les mêmes droits, ni les mêmes idées, ni la même langue, y sont tracées de main de maître.

La vie agricole est plus complexe, plus variée, plus accidentée que la vie pastorale. Il y a des invasions, des conquêtes, des bouleversements. Les conflits ne sont plus de simples chocs entre deux peuplades qui se rencontrent par hasard, mais des compétitions acharnées qui ne se terminent que par l'anéantissement ou l'assujettissement de l'un des belligérants.

L'agriculture attache l'homme au sol. Une tribu pastorale n'est qu'un nombre collectif de gens et de troupeaux ; une nation agricole représente en outre, et surtout, une surface terrestre. La première peut s'étendre et se déplacer quand il lui plaît : en partant d'un lieu elle emporte avec elle tout ce qui l'intéresse ; l'autre est comme emprisonnée dans un es-

pace déterminé, d'où elle ne peut sortir, sous peine de s'exposer à la faim. Le laboureur se fixe donc dans un petit coin
à lui, où il s'établit et s'installe. Nomade, il avait assez d'une
tente ; maintenant, qu'il est sédentaire, il se construit une
cabane et bientôt une maison qu'il range et arrange suivant
ses besoins, qu'il s'efforce de rendre de plus en plus com-
mode, saine et agréable. Il ne vit plus au jour le jour : il
travaille et sème pour l'année à venir. Sa personnalité s'é-
tend bien au delà de sa personne: elle embrasse, avec lui et
les siens, tout ce qu'il a défriché, ensemencé, planté ; tout ce
qu'il a conquis et acquis par son labeur ; on pourrait dire tout
ce qu'il aime, car la terre, qu'il arrose de ses sueurs et qui le
nourrit, occupe à côté de sa famille une place dans son cœur ;
il l'a même assimilée, en l'appelant *patrie*, aux objets de ses
plus chères affections.

Autre vie, autres mœurs. Les Nomades voyageaient grou-
pés en grand nombre autour d'un seul chef ; les familles agricoles au contraire sont forcées de s'établir à distance les unes
des autres. Mais, plus elles vivent isolées, plus elles ont besoin de se voir de temps en temps, de faire des échanges, de
se prêter un mutuel appui. Il est alors nécessaire de fixer des
rendez-vous généraux, où l'on puisse se rencontrer et s'entendre. Bientôt s'élèvent des villes, où résident les chefs de
la nation ; c'est là qu'on délibère sur les intérêts communs,
qu'on juge les procès, qu'on met en sûreté ce qu'on a de
plus précieux pour le soustraire aux brigands, qui se multiplient en proportion des richesses domiciliaires [1].

Sous l'influence des mêmes causes se développa aussi, pour
le malheur de l'humanité, quoi qu'en dise Turgot, l'art militaire avec la politique des conquêtes. A l'arrivée d'un ennemi plus fort, le pasteur fuyait, poussant devant lui ses
troupeaux ; mais le laboureur reste et résiste : il faut qu'il
défende à tout prix son immeuble, le fruit de ses sueurs, le
pain du lendemain. La guerre est pour lui une éventualité à
laquelle il doit s'attendre sans cesse et se tenir toujours prêt.
S'il se laissait prendre au dépourvu, il serait perdu : l'ennemi

---

[1] Cf. p. 43.

qui viendra aura prémédité son attaque ; à lui de préméditer aussi ses moyens de défense. Inutile de dire que primitivement tout homme était soldat ; n'avait-on point d'armes, on se mettait volontairement à la disposition et à la solde de ceux qui en avaient à distribuer. Etait-on assez riche pour subvenir à l'équipement et à l'entretien d'une armée, on en avait naturellement le commandement. Cela devait conduire forcément au brigandage militaire. Certains chefs, qui avaient pris les armes dans l'intérêt de la défense commune, ne les déposaient pas après la victoire : la guerre devint pour eux un métier, une sorte d'industrie privée.

Après la victoire, les vainqueurs exploitaient la conquête. Le pauvre colon était conservé, non par humanité, mais par spéculation. Les conquérants sont de cruels parasites : ils détruisent beaucoup, et ne savent rien produire. Pour vivre, comme pour vaincre, il leur faut le bras d'autrui ; ils mourraient de faim en pays conquis, s'ils étaient seuls. La faux peut se transformer en épée, comme l'a dit un poète ; mais on n'a jamais vu l'épée redevenir une faux après la bataille. Il s'agit bien de cultiver la terre, quand on a vaincu ! N'y a-t-il pas des sujets, des tributaires, des serfs, des esclaves ? Qu'ils travaillent, et laissent au soldat heureux les loisirs que lui ont mérités ses exploits ! L'affaire importante, c'est le partage du butin. Seulement tous ne sont pas vainqueurs au même titre : il y a le chef, les compagnons du chef et les simples combattants. Naturellement le chef commence par se faire la part du lion ; il distribue ensuite à ses officiers des gratifications proportionnées au besoin qu'il a de chacun d'eux pour se maintenir dans sa conquête, ou pour en faire de nouvelles ; puis il laisse tomber sur la foule des soldats quelques miettes assaisonnées de félicitations. Voilà, en gros, un lendemain de victoire à l'époque des premiers conquérants ; on pourrait même supprimer la date, car la méthode qu'ils ont inaugurée n'a pas sensiblement varié depuis, ni chez les chefs d'armée qui détroussent les peuples sur un champ de bataille, ni chez les chefs de bande qui ne détroussent que les voyageurs au coin d'un bois.

De là, dans une même société, deux classes d'hommes, les

descendants des vainqueurs, et ceux des vaincus : les nobles
d'un côté, les roturiers ou les serfs de l'autre. La féodalité
n'est pas particulière à nos climats : on en retrouve la trace
partout où un même territoire a été habité par deux peuples entre lesquels la victoire avait établi une inégalité héréditaire [1].

De là aussi ce gouvernement monstrueux, le despotisme
militaire, que notre philosophe flétrit en termes si énergiques.
Il ne s'agit point ici de ces petites tyrannies en pays libre, qui naissent un jour de la ruse et succombent le lendemain sous les coups du mépris ; mais du règne de la force en
pays conquis ; mais de l'oppression d'un peuple sous un seul
homme qui le domine par l'opinion, par la ruse, par la terreur, par la corruption, par la concentration redoutable entre ses mains de toutes les forces du pays ; en un mot « par
tout ce que le mépris pour l'espèce humaine peut inventer [2]. »
Et une fois montée et organisée, cette terrible machine de
compression dure des siècles. Quand une nation est prise dans
cet engrenage du despotisme, il est difficile qu'elle s'en re-
tire : pour cela il faut un événement considérable, quelque
révolution violente qui en brise les ressorts ; mais ceux qui
la dirigent sont trop intéressés à la régularité de sa marche
pour ne pas éviter tout ce qui pourrait produire une secousse [3].

Le progrès n'a point d'ennemi plus redoutable. Partout
où le despotisme s'est établi, les sciences et les arts sont vite
tombés dans le marasme. Sans liberté, point d'esprit d'initiative, et, par suite, point de génie. L'art devient routine :
on reproduit servilement, on enjolive sans goût, croyant
perfectionner ; on dégrade ce qu'on imite [4]. Il semble que les
sciences auraient dû moins souffrir, surtout celles qui sont
d'une utilité immédiate. Mais certaines familles, qui s'en firent
un monopole, les détournèrent de leur voie. La puissance intellectuelle fut centralisée, comme la force matérielle ; et l'on

[1] Cf. p. 47 et 48.
[2] Page 49.
[3] Cf. Renouvier, 4e essai, pages 113-116.
[4] Condorcet, tome VI, p. 51.

vit naître à l'ombre du despotisme militaire, un autre genre
de despotisme, celui des castes savantes. Les sciences qui ne
pouvaient servir à augmenter le prestige dont ces castes
avaient besoin pour dominer, furent négligées ; les autres
furent cultivées, mais ne le furent point dans un bon esprit.
L'amour désintéressé du savoir est une passion que ne connu-
rent jamais ces ambitieux : « ils ne cherchaient la vérité que
pour répandre des erreurs, et il ne faut pas s'étonner qu'ils
l'aient si rarement trouvée... Comme leur but n'était pas
d'éclairer, mais de dominer, non seulement ils ne communiquaient pas au peuple toutes leurs connaissances, mais ils cor-
rompaient par des erreurs celles qu'ils voulaient bien lui révéler : ils lui enseignaient, non ce qu'ils croyaient vrai, mais
ce qui leur était utile [1]. »

Il y eut bientôt deux doctrines : l'une pour les profanes,
l'autre pour les adeptes ; il y eut même deux langues distinctes. Ces hommes à double doctrine, qui se posaient en représentants de la pure tradition, avaient tout intérêt à ne tenir
aucun compte des changements constants que le temps, les
communications des peuples entre eux et leur mélange font
subir aux langues. En continuant à se servir toujours des
mêmes mots et des mêmes figures de langage, ils arrivèrent
vite à n'être plus compris du vulgaire, ce qu'ils voulaient ;
car sans mystère point de prestige. L'écriture symbolique
disparut pour faire place à l'écriture alphabétique : ce fut
pour eux un nouvel élément de succès. Dans les métaphores
du vieux langage et dans les symboles de l'ancienne écriture
le peuple endoctriné par eux s'habitua à ne voir que le sens
propre, où il fallait chercher le sens figuré ; il égara son intelligence et son imagination dans un dédale de fables absurdes, là où les initiés ne voyaient qu'une vérité très simple
exprimée ou écrite sous forme allégorique.

Bientôt les docteurs de cette science abstruse, qui s'étaient
déjà emparés de l'éducation et avaient façonné à leur gré les
jeunes générations, se crurent assez sûrs de l'avenir pour négliger les études qui avaient fait leur force : ils retombèrent

[1] Cond. tome VI, p. 54 et 55.

4

eux-mêmes dans l'ignorance commune. C'en était fait pour longtemps de la science ; tout eût été à recommencer peut-être, s'il ne s'était pas trouvé un petit peuple indépendant, ni conquérant ni conquis, au milieu d'un monde de nations dégradées par le despotisme, lequel recueillit, garda, entretint et fit fructifier au centuple le précieux héritage du passé : nous avons nommé le peuple grec.

QUATRIÈME ÉPOQUE

Progrès de l'esprit humain dans la Grèce, jusqu'au temps de la division des sciences, vers le siècle d'Alexandre.

Il y a sur cette époque un long *fragment*. Condorcet n'avait aucun livre à sa disposition, mais il n'en avait pas besoin pour développer cette partie de son ouvrage ; il savait si bien l'histoire de la Grèce ; il avait dû l'étudier avec tant d'amour, lui qui professait une sorte de culte pour cette ancienne patrie de la science et des arts. C'est qu'aucun peuple de l'antiquité n'a contribué autant que le peuple grec à l'avancement de la civilisation. Il a sauvé de l'oubli les traditions scientifiques et morales du vieil Orient ; il a mis de l'ordre dans l'amas confus des connaissances acquises jusqu'alors ; il a fondé la plupart des sciences ; il a transmis aux Romains, et par les Romains aux modernes, avec l'héritage qu'il avait reçu du passé, le fruit de ses immenses travaux et de son brillant génie. Il nous a même légué autre chose, qui n'est pas moins précieux ; c'est son exemple à suivre dans les moments décisifs. Les modernes, la France notamment, en ont quelquefois profité. La manière dont la Grèce a établi et défendu sa liberté n'a pas été sans influence sur les événements de notre histoire[1] ; et Solon, si humain dans ses lois, semble avoir plus d'une fois inspiré, à vingt-trois siècles de distance, les législateurs de la République française[2].

Bien douée par la nature, bien située au centre de petits

[1] Cf. Condorcet ; tome VI, p. 384.
[2] Cf. idem ; p. 425.

Etats qui ne pouvaient l'inquiéter, la Grèce développa son
génie en liberté, sous un ciel clément, et dans les conditions
politiques les plus favorables. Mais ce ne fut pas sans peine
qu'elle se débarrassa de ses rois. La révolution commença au
temps d'Homère et mit plus de six siècles à s'accomplir.
Qu'eût-ce été, si la Grèce avait été entourée de monarchies
puissantes ; si, parmi les Etats qui la composaient, il y en
avait eu d'assez grand pour aspirer à dominer les autres ;
si le pays au lieu d'être accidenté, divisé et presque morcelé
par la nature, se fût prêté à la fusion de tous les éléments
grecs et à l'établissement d'un gouvernement unique ? La
royauté, au lieu de rester faible, se fût affermie, agrandie,
enracinée ; elle aurait eu plus de ressources, plus de prestige,
et par suite plus de facilité pour empêcher la formation d'une
majorité hostile.

La royauté abattue, restait l'aristocratie, qui guettait les
occasions et trouvait quelquefois le moyen d'organiser la tyrannie. Mais les tyrans grecs n'étaient pas des rois, et les
causes qui avaient amené la chute de la royauté devaient
précipiter celle de ces usurpateurs [1]. « La tyrannie, quoique
plus durable dans quelques colonies, et surtout dans celles
dont l'établissement avait précédé la destruction des familles
royales, ne pouvait être considérée que comme un fléau passager et partiel, qui faisait le malheur des habitants de quelques villes sans influer sur l'esprit général de la nation [2]. »
Malgré ces courtes éclipses de la liberté qui se produisirent
dans presque toutes les cités, les lois allaient se perfectionnant de plus en plus dans le sens libéral, et, plusieurs siècles
avant l'invasion macédonienne, les institutions républicaines
avaient poussé dans les mœurs des racines si profondes, qu'il
n'y avait plus à craindre aucune tentative de restauration
monarchique.

Il faut noter cependant que Condorcet n'a pas pour tous
les états de la Grèce la même admiration. S'il rend justice à
la Béotie trop souvent calomniée, il n'éprouve aucune sym-
pathie pour les Spartiates : ce qui est d'autant plus remar-

[1] Cf. Condorcet ; tome VI, p. 387.
[2] Idem ; p. 61.

quable, que Lycurgue avait à cette époque, parmi les législateurs français, plus de disciples que Solon. Ce qu'il reproche
à Sparte, ce n'est pas, comme on pourrait le supposer, d'a-
voir conservé la royauté : il reconnaît que ses deux rois n'a-
vaient de royal que le nom ; mais c'est l'esprit même de la
constitution qu'il condamne et les mœurs qui en résultaient.
Il a beau chercher des circonstances atténuantes et dans les
tendances communistes qui travaillaient le Péloponèse depuis
le retour des Héraclides, et dans les bonnes intentions qu'il
est tout disposé à prêter à Lycurgue ; il a beau faire la part
des exagérations légendaires que les partisans de ce gouvernement ont fini par faire passer peu à peu dans l'histoire : il
se trouve toujours en face d'une politique inhumaine et de
coutumes révoltantes dont l'authenticité ne peut être mise
en doute : c'est le sacrifice de l'individu à l'Etat ; c'est le mas-
sacre des enfants faibles et difformes, « uniquement parce
qu'ils ne promettent pas de pouvoir un jour égorger d'autres
hommes [1] ; » c'est la dureté envers les esclaves ; c'est la pros-
cription systématique de tous les arts dont le but est d'adoucir
les mœurs ; c'est le vol enseigné publiquement à la jeunesse ;
c'est l'éducation indécente et la nudité des filles au gymnase et
dans les fêtes ; c'est l'adultère approuvé, et même encouragé
par le mari ; c'est enfin cet ensemble de précautions cyniques
qui gênent les épanchements du foyer domestique et même du
lit conjugal au mépris de la pudeur. Après avoir passé en revue, avec toute l'impartialité désirable, les principales institutions de cette étrange cité, qui ressemble plus à une caserne,
et, s'il est permis de le dire, à un haras humain qu'à une
ville civilisée, il est amené, presque malgré lui, à cette conclusion rigoureuse : « De telles institutions semblent faites
pour former, non un peuple d'hommes, mais une troupe de
brigands, sachant exercer entre eux la justice, pour la violer
sans remords à l'égard du reste de l'humanité [2]. » Le jugement est sévère sans doute ; mais n'est-il pas juste ? Sparte,
quoi qu'en aient dit les Xénophons anciens et modernes, n'est
qu'un Etat barbare enclavé dans la Grèce.

[1] Condorcet ; tome VI, p. 417.
[2] Idem ; p. 417-419.

Qu'Athènes paraît brillante et aimable à côté de cette sombre cité ! Athènes, patrie des arts et de la liberté ; berceau de la démocratie pure ; foyer de la civilisation antique ; vraie capitale de la Grèce, et aussi, ce qui explique l'amour filial que nous avons pour elle, ville tout à fait française, j'allais dire parisienne, et de cœur et d'esprit ! Mais hélas ! il n'y a point de peuple parfait. Les Athéniens avaient des défauts que Solon dut ménager dans l'intérêt de sa constitution, et qu'ensuite sa constitution ne fit que fortifier. L'amour de la liberté est, comme tous les amours, aveugle et jaloux, quand il est passionné ; l'histoire d'Athènes en est une preuve. Les Athéniens, comme la plupart des Grecs, mais plus encore que les autres, étaient prêts à tous les sacrifices quand il s'agissait de sauvegarder l'autonomie de l'Etat ou l'égalité démocratique. Leurs intérêts et publics et privés, leur liberté individuelle elle-même n'était comptée pour rien dès qu'une cité voisine ou un citoyen trop puissant pouvait inspirer quelque inquiétude. Qu'il y eut, dans cet esprit ombrageux et dans la constitution qui l'encourageait, des germes de décadence, c'est ce qu'il est difficile de nier. Ceux qui étaient au pouvoir devaient être tentés d'abuser, pour s'y maintenir, de cette disposition du peuple. Si l'aristocratie de naissance n'avait plus assez de prestige pour offusquer les simples citoyens, l'inégalité fondée sur la richesse ou le talent fut une cause permanente de divisions intestines [1]. Les Athéniens ne surent jamais voir d'un œil équitable le progrès de la propriété, ni la gloire de leurs hommes illustres : ce qui devait avoir des conséquences mauvaises. Mais par combien de mérites et de qualités éminentes ils ont racheté ces défauts.

Le tableau des splendeurs artistiques et littéraires de la Grèce a été tracé par Condorcet ; mais la critique a fait tant de progrès depuis un siècle, qu'il nous est difficile de lui rendre justice. Les appréciations, qui étaient originales et profondes à l'époque où La Harpe obtenait tant de succès en jugeant si mal les anciens, ne nous paraissent le plus souvent

[1] Cf. Condorcet ; tome VI, p. 462.

aujourd'hui que des vérités banales ou incomplètes. Il manquait aussi à notre philosophe, il faut le reconnaître, une
qualité indispensable au critique : il ne savait pas assez, pour
juger le passé, abstraire son esprit du présent et du milieu
où il vivait. Il ne semble pas non plus avoir bien compris que
l'artiste, surtout le poète, est passif par un certain côté :
qu'étant comme un miroir d'une société, il ne vaut que par
la fidélité de l'image qu'il réfléchit. En revanche, il nous
explique très-bien [1] comment l'art de raisonner, poussé jusqu'à la subtilité, donna naissance à la Rhétorique des Gorgias :
abus frivole et passager d'un talent nouveau qui, répondant
aux vœux des ambitieux vulgaires, devait avoir aussitôt de
la vogue et par suite trouver des admirateurs naïfs et des
imitateurs trop industrieux. Il a raison aussi d'insister sur l'heureux effet des jeux et des concours publics. Les Grecs, il est
vrai, en avaient emprunté la première idée aux Orientaux ;
mais ceux-ci ne surent jamais en tirer un parti sérieux, tandis que les fêtes helléniques, qui devinrent, aussitôt instituées,
des rendez-vous généraux de toute la Grèce et des pays cir-
convoisins, eurent sur le progrès des arts les plus divers une
influence immense. Quel ressort plus puissant, en effet, que
l'émulation pour les âmes généreuses ? Condorcet le savait
bien : il vivait dans un milieu où la création de fêtes nationales, à l'exemple des Panathénées et des jeux Olympiques,
était encouragée, comme le moyen le plus efficace d'activer
le succès et la propagation des idées nouvelles.

Mais où il excelle, c'est dans l'appréciation du progrès
philosophique et scientifique : on sent qu'il est ici dans son
élément. C'est de l'Egypte, de la Chaldée et de l'Inde que
vinrent en Grèce les premières notions de philosophie et de
science proprement dite. Les sages les recueillirent de la bouche des voyageurs ou allèrent eux-mêmes les chercher, mais
sans aucune intervention de castes savantes : ce qui assura,
dès le principe, aux maîtres et aux disciples une entière indépendance. Tous pouvaient travailler à la découverte de la
vérité pour la communiquer à tous, sans être assujettis à au-

[1] Condorcet ; tome VI, p. 436.

cune observance pédantesque, à aucune censure sacerdotale ou autre : avantage inappréciable, et dont la science a rarement joui jusqu'ici [1]. La liberté amena naturellement la concurrence ; on vit s'élever école contre école ; chaque opinion eut ses défenseurs et ses adversaires : autre avantage non moins précieux ; car, en supposant que la passion personnelle du prosélytisme pût corrompre quelquefois la passion plus noble d'éclairer les hommes, la vérité finissait toujours par profiter de cette rivalité, qui avait en même temps pour effet immédiat d'entretenir dans les esprits une activité utile [2]. Cette liberté dura aussi longtemps que la prospérité de la Grèce ; mais elle fut parfois inquiétée. Les oppresseurs de l'humanité d'un côté, et de l'autre les prêtres, s'aperçurent que la philosophie était leur ennemie et la persécutèrent. Les Pythagoriciens furent brûlés dans leur école par un tyran, et Socrate périt victime des intrigues sacerdotales. Ce furent les premiers crimes qui signalèrent cette double guerre que la philosophie soutient, depuis qu'elle existe, et contre ceux qui méconnaissent les droits de la raison, et contre ceux qui foulent aux pieds les droits de la liberté. Les philosophes devinrent plus circonspects : ils adoptèrent, à l'exemple des prêtres de l'Orient, l'usage d'une double doctrine, l'une pour le public, l'autre pour les initiés : mesure nécessaire peut-être, mais regrettable, qui a dérobé à la postérité l'enseignement intime des Platons et des Aristotes. On aurait tort cependant d'en exagérer l'influence : l'indépendance de la pensée était passée depuis longtemps et s'était enracinée dans les mœurs. Les prêtres et les tyrans eurent beau faire : les philosophes prirent des précautions, mais continuèrent leur œuvre, le courant des idées philosophiques étant devenu trop fort, pour qu'on pût l'arrêter si facilement.

Pourtant, malgré ces conditions favorables, malgré le nombre vraiment étonnant des esprits d'élite que compta la Grèce, les études philosophiques n'aboutirent pendant longtemps qu'à des résultats relativement médiocres. Cela tient à

[1] Cf. Condorcet ; tome VI, p. 61 et 62.
[2] Cf. idem ; p. 69.

plusieurs causes, dont la principale est le manque de cette
patience rigoureusement méthodique, sans laquelle on s'é-
gare dans des conceptions subjectives, et d'autant plus facilement que l'intelligence est plus active. L'imagination qui
s'épanouissait sous ce beau ciel était trop luxuriante : elle
étouffait sous son ombre l'esprit scientifique. On négligea
l'observation des faits ; trop souvent on forgea des systèmes
hâtifs avec une témérité juvénile ; et, ne pouvant appuyer
ses opinions sur des raisons solides, on essaya de les défendre par des subtilités [1]. La pensée ne vint pas de former pour
chaque science une langue spéciale ; au contraire, on abusa
des vices de la langue commune pour jouer sur le sens des
mots, pour embarrasser l'esprit dans de misérables équivo-
ques, pour l'égarer en exprimant successivement par un
même signe des idées différentes [2] : ce qui donna naissance
à la sophistique. Des charlatans profitèrent de la tendance
générale à la subtilité pour se faire une position philosophique, et ils y réussirent d'autant mieux qu'ils avaient l'esprit
plus agile et la conscience plus libre de toute conviction.
Aussi Condorcet est-il sobre d'éloges pour les représentants
de la philosophie grecque avant Aristote. Il loue volontiers
l'élévation de leur caractère, leur éloignement volontaire des
affaires publiques, la puissance de leur imagination, leur talent d'écrivains : mais là s'arrête ordinairement la louange,
et commence la critique. Pythagore et Démocrite sont mieux
traités : mais c'est parce qu'ils ont été, le premier un grand
mathématicien, le second, un physicien éminent. Socrate,
seul des philosophes, qui n'ont été que philosophes, a été
l'objet d'une exception. Il est mort victime de ses convictions : cette considération aurait suffi pour désarmer
un critique qui prévoyait que d'un jour à l'autre ce
sort allait être le sien ; cependant cette raison, toute de
sentiment, n'a point influé sur le jugement de Condorcet. S'il a loué Socrate, c'est parce que Socrate, seul de
ses contemporains, comprit que les hommes doivent borner
leur science aux objets que la nature a mis à leur portée, et

[1] Cf. Condorcet ; tome VI, p. 62.
[2] Cf. idem ; p. 64.

qu'il « s'efforça de rappeler sur la terre la philosophie qui
se perdait dans le ciel [1]. » Malheureusement ses conseils et
son exemple ne furent pas suivis, du moins immédiatement :
le plus illustre de ses disciples, Platon, retomba dans l'or-
nière des rêves philosophiques, et il devait, malgré l'autorité
d'Aristote, avoir dans la postérité bien des imitateurs [2].

Les sciences proprement dites ne firent pas non plus tous
les progrès qu'elles auraient dû. Elles n'avaient point d'existence à part : la philosophie embrassait tout dans une vaste
et ambitieuse centralisation. C'est à peine si la Médecine
avait pu conquérir son autonomie. Quant aux autres sciences, elles furent assujetties, jusqu'à Aristote, aux fluctuations des dogmes philosophiques, et par conséquent gênées
dans leur développement. Toute opinion qui faisait saillie
sur les arêtes d'un système était impitoyablement mutilée,
sinon supprimée par les sectateurs. Par bonheur la diversité
des doctrines atténuait les effets de cette intolérance. Une
conséquence plus grave de cette dépendance des sciences,
c'est qu'elles furent mal dirigées dans leurs investigations. Au
lieu d'être placées, chacune en face de son objet propre,
elles durent, pour satisfaire aux exigences de la philosophie,
se proposer un plan d'études trop vaste et s'efforcer de répondre à des questions insolubles. Ce défaut de méthode rigoureuse et de programme défini empêcha longtemps les
sciences de se constituer. Néanmoins le progrès analytique
ne se ralentit point; au contraire, il accéléra sa marche,
sans cesse stimulé par le mouvement même et l'activité impatiente des esprits. Bien des découvertes de détail se firent,
non seulement dans ce qui touchait aux arts utiles et aux
sciences pratiques, mais aussi dans le domaine de la spéculation pure. Quand Aristote parut, les éléments indispensables des différentes synthèses scientifiques étaient trouvés ; il
ne manquait plus qu'un génie qui fût assez indépendant de
tout système, à la fois assez puissant et assez circonspect,
pour les trier d'abord, en les groupant par catégories bien
distinctes ; et pour les coordonner ensuite, en les fondant en

[1] Condorcet ; tome VI, p. 65 et 66.
[2] Cf. idem ; p. 435.

autant de générations méthodiques. Nous ne suivrons pas Condorcet dans son énumération des principales découvertes artistiques et scientifiques, pratiques et spéculatives, depuis Thalès jusqu'à Platon : ce serait trop long. Nous nous bornerons à citer, après lui, deux idées d'avenir, qui n'eurent pas à leur apparition tout le succès qu'elles méritaient, mais qui devaient reparaître après un long oubli, et être dévelop pées par les sommités de la science moderne, les Newton et les Galilée, les Descartes et les Lavoisier : C'est le système du monde de Pythagore et celui des atomes de Démocrite.

Quant à la politique, il faut soigneusement distinguer chez les Grecs la pratique de la théorie, l'art de la science. Ils arrivèrent presque sans tâtonnements à des constitutions justement admirées ; mais ce fut plutôt affaire d'instinct, que d'étude. Ils étaient si bien doués, qu'ils trouvèrent sans efforts ce que la plupart des peuples ne découvrent qu'après de longues expériences. Il est vrai qu'on choisit presque partout, pour faire des lois, quelque homme supérieur en vertu et en sagesse, qui exerça seul et sans contrôle, pendant tout le temps nécessaire à son œuvre, le pouvoir législatif. Mais, comme il n'avait aucune autorité effective ; qu'il disparaissait le plus souvent de la cité après avoir rempli son mandat ; que d'ailleurs ses lois, pour devenir exécutoires, devaient être préalablement acceptés par le peuple ; il était impossible qu'elles ne fussent pas l'expression vraie du génie de la nation. Notre philosophe regrette même que ces législateurs ne se soient pas quelquefois montrés plus indépendants. S'ils avaient osé s'affranchir de l'habitude funeste où l'on était encore d'appeler la superstition au secours des institutions politiques, on se sentirait plus à l'aise pour louer dans leurs constitutions cette unité systématique qui seule pouvait en rendre l'action sûre et facile, et en maintenir la durée[1] ; et qui, par son harmonie même, devait flatter les instincts d'un peuple si profondément artiste. Ces Constitutions ne furent pas, tant s'en faut, calquées l'une sur l'autre : autant de cités,

[1] Cf. Condorcet : tome VI, p. 72.

autant de politiques différentes. Ici, c'était une république aristocratique; là, une démocratie fondée sur le suffrage universel, d'autant plus facile à pratiquer, que le peuple était moins nombreux. Le système fédératif apparaît lui-même, quoiqu'à l'état rudimentaire, dans le conseil Amphictyonique et dans les ligues qui se formèrent plus tard pour régler en commun les questions d'intérêt général. Condorcet a pu dire sans exagération : « On trouverait à peine dans les républiques modernes, et même dans les plans tracés par les philosophes, une institution dont les républiques grecques n'aient pas offert le modèle ou donné l'exemple [1]. » Cependant ces constitutions, malgré la variété de leurs physionomies, avaient quelque chose de commun, qui leur donnait un air de parenté : *Facies non omnibus una, Nec diversa tamen : qualem decat esse sororum* [2]. C'est qu'en effet elles étaient sœurs, étant toutes nées d'un même sentiment, l'amour de la liberté. Liberté ! Ce mot résume à lui seul toute la politique et toute l'histoire des anciens Grecs. C'est pour cela que leur civilisation diffère tant de celle des Orientaux, dont elle est pourtant sortie : « chez les uns, les lois sont un joug sous lequel la force a courbé des esclaves ; chez les autres, les conditions d'un pacte commun fait entre des hommes [3]. » Comparée même aux peuples modernes, la Grèce resterait encore la première des nations pour la liberté. L'Amérique, qui pourrait lui disputer cette place, était trop jeune à l'époque où notre auteur écrivait, pour qu'il ait songé à faire une exception en sa faveur.

Si de la pratique nous passons à la théorie, nous trouvons moins à admirer. En politique, comme en tout, l'art chez les Grecs prima la science. Ils réfléchirent, il est vrai, raisonnèrent et spéculèrent beaucoup ; si Condorcet se fait illusion quand il croit découvrir chez eux les premières traces de l'Économie politique [4], il n'est que juste quand il leur accorde le mérite d'avoir parfaitement analysé les différentes

[1] Condorcet ; tome. VI, p. 73.
[2] Ovide.
[3] Cond. ; tome VI, p. 76.
[4] Idem ; p. 74.

sortes de gouvernement, et d'en avoir signalé avec finesse et
précision les qualités et les défauts. Si la politique ne devait
avoir d'autre objet que les faits ; si c'était une science purement empirique, il faudrait les louer presque sans restriction ; ils auraient la gloire de l'avoir fondée et d'en avoir
marqué les limites définitives. Mais les faits ne sont pas tout ;
la politique doit être une « véritable théorie fondée sur des
principes généraux puisés dans la nature et avoués par la
raison [1]. » C'est ce qu'ont ignoré tous les écrivains grecs,
même Platon, qui n'est pourtant pas un philosophe positif,
comme Aristote. Au lieu de chercher, dans le domaine de
l'idéal, qui lui était si familier, des principes réalisables ; il a
voulu idéaliser les réalités qu'il trouvait autour de lui, et il
n'a abouti qu'à une conception chimérique, qu'à une république en l'air, que Thomas Morus aurait pu lui-même criti-
quer. Que Platon soit utopiste en politique, rien d'étonnant :
ne l'est-il pas un peu en toute matière ? mais qu'il l'ait été
en attribuant aux faits une importance excessive, c'est ce
qui doit surprendre de sa part : il faut que le courant des
idées contemporaines ait été bien fort, pour l'entraîner dans
cette inconséquence. Cette première erreur des politiques grecs
devait en amener une seconde. Les faits ne sont pas immaté-
riels comme les principes : ils occupent une place dans l'espace et dans le temps. Les uns sont proches, les autres éloi-
gnés. Quand on les regarde, on n'en aperçoit pas l'importance réelle, mais l'importance relative ; les premiers sont
grossis par un effet d'optique au détriment des seconds. Les
faits présents absorbent l'attention et empêchent de bien voir
les autres. C'est pour cela sans doute que les Grecs prirent
l'homme actuel pour l'homme naturel [2], et l'état social qu'ils
avaient devant les yeux pour l'état social par excellence.
Cette fausse vue excluait toute espérance, toute idée de progrès. Conserver ce qu'on avait devenait le but unique de la
politique. Donc on n'introduisit nulle part dans les lois fondamentales les moyens de les amender plus tard ; l'immobilité
constitutionnelle fut posée en principe dans tous les États :

[1] Condorcet ; tome VI, p. 71.
[2] Idem ; p. 76.

ce qui condamna les cités à l'alternative de s'user dans un *statu quo* énervant, ou de s'exposer à des révolutions souvent sanglantes, et presque toujours fatales à la liberté [1]. « On prétend que les lois de Zaleucus prononçaient la peine de mort contre celui qui proposerait d'y faire un changement, si ce changement n'était pas adopté [2]. » Ce fait est controuvé peut-être ; mais qu'importe ? il a paru possible, et c'est assez pour nous édifier sur l'idée qu'on se faisait alors d'une constitution politique. La liberté grecque devait succomber tôt ou tard par suite de ce respect superstitieux pour la chose établie, et compromettre, en succombant, le progrès de la civilisation. Car, la Grèce une fois asservie, son brillant héritage ne pouvait tomber qu'en mauvaises mains.

Quel peuple était capable d'occuper sa place et de continuer son rôle ? Ce n'était pas assurément le peuple romain, encore à demi-barbare, et qui ne dépouilla jamais complètement, même quand il fut roi du monde, sa rusticité primitive. Pour présider à la civilisation, il ne suffit pas d'être puissant : il faut des mœurs droites, honnêtes et douces, que peut seule donner une longue habitude de la liberté. Sous ce rapport tous les Grecs, à l'exception des Spartiates, mais les Athéniens surtout, étaient arrivés à une sorte de perfection. Jamais peuple ne fut plus humain, dans l'acception la plus large du mot. Leur bonté s'étendait à tout ce qui intéresse les hommes. Leur hospitalité envers les étrangers, à une époque ou *étranger* et *ennemi* étaient ailleurs synonymes, est restée justement célèbre. Les esclaves étaient regardés chez eux, non comme des êtres d'une espèce inférieure, mais comme des hommes d'une race malheureuse, ou des victimes du sort de la guerre [3]. Les criminels eux-mêmes étaient traités avec humanité ; ils n'avaient point à craindre, comme chez les nations voisines, des supplices raffinés. Les hommes libres n'étaient jamais mis à la torture, et les esclaves en étaient le plus souvent exempts [4]. La peine de mort n'avait

---

[1] Cf. Cond. ; tome VI, p. 411 et 412.
[2] Idem ; p. 428.
[3] Cf. Idem ; p. 408.
[4] Idem.

point cet aspect hideux et atroce, que les peuples civilisés de nos jours n'ont pas encore fait disparaitre[1]. Tout ce qui pouvait, en un mot, protéger les malheureux, sauver les condamnés, adoucir les mœurs, était accueilli par eux, comme une bonne fortune, quelle qu'en fût l'origine. La superstition ouvrait des asiles qui étaient respectés au préjudice de la loi. L'ostracisme, dont on a dit tant de mal, faute d'en comprendre le vrai sens, n'était qu'une sage mesure de préservation[2]. Que dire des expiations sévères imposées aux hommes coupables de meurtres involontaires, ou de ceux que la loi défend de punir ? N'est-ce pas un hommage rendu au sentiment naturel de répulsion que doit inspirer toute effusion de sang même innocente[3].

On devine ce que devait être dans sa vie privée un peuple si doux dans ses mœurs publiques. Chaque foyer était un sanctuaire, mais un sanctuaire sans austérité et sans despotisme. Il n'y avait point là, comme chez les Romains, un chef sévère tenant à distance respectueuse l'épouse et les enfants. « Les femmes, chez les Grecs, quoique soumises à une vie domestique et retirée, jouissaient d'une sorte d'autorité dans l'intérieur des familles. Les lois et l'esprit de liberté les avaient un peu rapprochées de l'égalité naturelle. Elles étaient les compagnes intérieures, mais non les domestiques de leurs maris. Elles partageaient avec eux le respect des enfants et l'honneur de les former[4]. » Où trouver des types de femmes plus pures et plus vertueuses que les Andromaque, les Pénélope, les Nausicaa, les Antigone, les Alceste ? La moralité des Grecs avait une délicatesse qu'on ne rencontre pas chez les autres peuples de l'antiquité. Ils eurent, il est vrai, des habitudes honteuses, qu'on ne saurait trop flétrir. Mais on n'a pas assez remarqué que ces vices, nés dans la stupide oisiveté de la vie pastorale, ne doivent pas être attribués au progrès de la civilisation, qui au contraire les a tempérés, quand elle n'a pas pu les détruire[5]. Ces restes de la grossiè-

---

[1] Cf. p. 460.
[2] Pages 461 et 462.
[3] Cf. p. 460.
[4] Page 406.
[5] Page 407.

reté primitive ne doivent pas nous rendre injustes. Les preuves de la moralité des Grecs abondent dans les divers monuments qu'ils nous ont laissés : on peut citer indifféremment
les poètes, les philosophes, les historiens, les législateurs.
L'adultère, par exemple, était une exception si rare, si mons-
trueuse, que Zaleucus, souvent vanté pour la sagesse et la
douceur de ses lois, porta contre ce crime une peine horrible[1].
Un autre législateur, Charondas, « excluait des places ceux
qui, ayant des enfants d'un premier mariage, en contractaient
un second, ne croyant pas les vertus publiques compatibles
avec l'absence des vertus de famille, et qu'on pût aimer sa patrie
quand on n'aimait pas ses enfants [2]. » Cette rigueur ne prouve-
t-elle pas, par son excès même, que les mœurs étaient
bonnes ? Mais ce sont là des lois exceptionnelles, dont la vie
ordinaire n'avait pas besoin. La vertu ne coûtait pour ainsi dire
point d'efforts ; elle se produisait spontanément, comme un
fruit naturel des institutions. L'éloge d'Athènes, que Thucydide a mis dans la bouche de Périclès, est le plus bel hommage qu'on ait jamais rendu à un peuple. C'est une page sublime que ne sauraient trop méditer ceux qui ont la généreuse ambition de travailler à la moralisation des hommes.
Aussi, que de nobles caractères dans cette courte histoire des
républiques grecques ! Aristide, qu'on se plaît à citer, n'est
nullement une exception. A côté de cette belle figure on pourrait sans peine en placer beaucoup d'autres, qui n'ont pas
moins de droits à notre admiration. « On vit à cette époque
la vertu se montrer avec cette sage indulgence, avec cette délicatesse éclairée, ce mélange de sensibilité et de force, cette
pureté de principes, cette fidélité à la justice et à la raison,
qu'elle ne peut devoir qu'à la réunion des lumières et de la
liberté, etc.[3]. »

Oui, c'est à la liberté surtout qu'il faut attribuer tous ces
brillants résultats. Aussi avec quelle ardeur les Grecs com-
battirent-ils les Perses pour rester libres ! Condorcet, ordinairement si sobre de développements, s'étend avec complai-

[1] Page 428.
[2] Page 429.
[3] Pages 462-463.

sance sur les péripéties de cette lutte gigantesque. On dirait qu'il ne quitte qu'avec peine l'admirable spectacle d'un petit peuple si généreux, si intéressant, défendant contre des nuées de barbares son indépendance et la civilisation. Malheureusement la perfide Macédoine, en s'imposant aux Grecs, leur fit perdre, avec le fruit de leurs victoires, la confiance qu'ils avaient en eux-mêmes, et prépara ainsi la voie aux Romains. Et encore, pour les soumettre, ceux-ci durent-ils compter sur leur politique artificieuse plus que sur leurs armes : « Il fallait ou détruire ces hommes accoutumés à respirer l'air de la liberté, ou savoir graduer pour eux le régime de la servitude [1]. »

CINQUIÈME ÉPOQUE

Progrès des Sciences depuis leur division jusqu'à leur décadence.

Dans sa cinquième Époque, Condorcet passe en revue les principales écoles des sciences et de la philosophie, et trace le tableau des mœurs et des croyances depuis Aristote jusqu'au temps où le Christianisme domina. Le *fragment* qui s'y rapporte n'a été publié pour la première fois qu'en 1847, dans l'édition d'Arago. C'est une étude spéciale, où il n'est question que du génie et des caractères qui le font reconnaître. L'auteur avait lu, dans l'Encyclopédie, l'article de Marmontel sur le même sujet, l'on s'en aperçoit ; mais il a fécondé par une méditation plus approfondie et s'est approprié, en les développant avec ampleur et originalité, les idées qu'il y a prises. Ce fragment n'est qu'un morceau détaché qui n'entre pas dans le cadre de l'ouvrage tel qu'il est, et dont nous n'avons pas à nous occuper, du moins pour le moment.

Le premier nom que nous rencontrons à l'entrée de cette période historique, c'est naturellement celui d'Aristote. Aristote a fait époque dans l'histoire de l'humanité. Non seule-

[1] Page 460.

ment il fit progresser toutes les sciences alors connues ; mais il en créa de nouvelles, en appliquant la méthode scientifique à l'éloquence et à la poésie. Le plan qu'il avait embrassé étant trop vaste, il sentit le besoin d'en séparer les diverses parties et de fixer avec plus de précision les limites de chacune. Par là il donna un bon exemple et rendit un grand service. La plupart des philosophes et même des sectes entières se bornèrent dès lors à quelques-unes de ces parties. La division du travail, si féconde en toute matière, ne pouvait être appliquée à l'étude des sciences sans produire d'excellents résultats[1]. Et cette innovation se fit à un moment favorable. Si la liberté grecque avait péri tout de suite après, cet avantage eût été perdu ; mais, avant l'invasion des Romains, les sciences eurent le temps de s'implanter en Égypte, où elles prospérèrent pendant plusieurs siècles à l'abri de tout péril, encouragées d'abord par des princes qui ne les aimaient guère, mais avaient besoin d'elles ; tolérées ensuite par les Romains dont l'intérêt était de respecter les établissements des Ptolémées[2]. Quant à Athènes, elle resta, même au milieu de la décadence de la Grèce, la patrie des lettres et des arts : ses écoles furent fameuses durant la période romaine ; mais ce regain de splendeur fut sans influence sur l'avenir de la civilisation, et c'est Alexandrie qui eut l'honneur de continuer l'œuvre du progrès[3].

Vient ensuite l'énumération des découvertes scientifiques qui marquèrent cette époque. Pour en apprécier la valeur, il faudrait être, comme l'auteur, versé dans toutes les sciences. Algèbre, astronomie, histoire naturelle, médecine, agriculture, arts mécaniques : tout est passé en revue dans ce résumé substantiel ; tous les hommes de génie qui ont apporté leur pierre à l'édifice, défilent l'un après l'autre, chacun avec ses titres : Aristote et Archimède, Pline et Diophante. Nous y voyons comment le grand philosophe de Stagire fut inférieur à lui-même en physique, parce qu'il sacrifia trop aux tendances hypothétiques de son temps ; comment la médecine

[1] Cf. Cond ; tome VI, p. 79.
[2] Idem ; p. 80.
[3] Idem ; p. 86.

n'avança pas autant qu'elle aurait pu le faire, si l'anatomie
et l'expérience méthodique avaient prévalu sur la tradition
de l'observation fortuite et sur l'esprit de système ; comment
enfin l'agriculture resta à l'état de routine chez les anciens
peuples, et ne fit que des progrès lents chez les Grecs, et
même chez les Romains, faute d'esprit scientifique. Cependant les sciences mathématiques et physiques, gagnèrent beaucoup, tandis que la philosophie, qui avait dû son éclat à la
liberté, tomba peu à peu en décadence. « Ce mot commença
même à ne plus exprimer que les principes généraux de l'ordre du monde, la métaphysique, la dialectique et la morale,
dont la politique faisait partie [1]. »

Condorcet rend justice cependant aux quatre sectes qui se
disputaient alors l'empire des esprits, et, jusqu'à un certain
point, des consciences.

L'Académie, qui avait depuis Platon cultivé les mathématiques, eut pour disciples les esprits positifs et les savants.
« Son enseignement se bornait presque à indiquer les limites étroites de la certitude [2] ; » mais la crainte d'affirmer témérairement la fit incliner vers un doute systématique, que
les sophistes connus sous le nom de Sceptiques adoptèrent
et poussèrent bientôt jusqu'à l'absurde, en niant les vérités
démontrées et en attaquant les principes de la morale [3]. Par
bonheur ce scepticisme outré n'entraîna pas toute la secte
académique : la vraie doctrine de Platon compta toujours
des partisans pour qui les idées éternelles du juste, du beau,
de l'honnête, imprimées dans l'âme humaine, étaient regar-
dées comme le principe de nos devoirs et la règle de nos
actions [4].

Au Lycée nous trouvons Aristote, dont la personnalité
brillante éclipse les pâles disciples qui suivirent et continuèrent son enseignement. Condorcet admire l'*Organon*,
cette immense analyse de la pensée humaine et de ses lois,
cet « art de raisonner juste soumis en quelque sorte à des

[1] Œuvres de Cond.; tome VI, p. 80.
[2] Idem ; p. 81.
[3] Cf. Idem ; p. 86 et 87.
[4] Idem ; p. 87.

règles techniques[1] ; » mais il ne l'admire pas seulement comme un monument de luxe attestant la puissance du génie humain, mais aussi comme une œuvre pouvant dans l'avenir faciliter les opérations de l'esprit : « cette idée ingénieuse est restée inutile jusqu'ici, mais peut-être doit-elle un jour devenir le premier pas vers un perfectionnement que l'art de raisonner et de discuter semble encore attendre[2]. » On reconnaît là l'apôtre du Progrès indéfini. Le philosophe du XVIIIᵉ siècle se trahit aussi dans l'appréciation de la métaphysique d'Aristote. A l'en croire, le chef du Péripatétisme aurait affirmé, vingt siècles avant Condillac, que « nos idées, même les plus abstraites, les plus purement intellectuelles, doivent leur origine à nos sensations[3]. » Mais il y a, entre la métaphysique d'Aristote et celles des philosophés du XVIIIᵉ siècle plus de différence que Condorcet ne semble le supposer. Quant à la morale du Lycée, c'est la morale du juste milieu : la vertu consiste à se tenir entre le défaut et l'excès, *in medio*, comme disait Horace. Pour vérifier ce principe, Aristote l'applique à la nomenclature des mots qui, dans la langue grecque, expriment ce qu'on appelle des vertus[4]. Nous parlons de morale ; mais cette école est avant tout une école de sciences, où la morale n'apparaît qu'incidemment et par son côté théorique.

Les Stoïciens au contraire et les Epicuriens s'en occupaient tout spécialement, et l'envisageaient à la fois comme art et comme science, mais surtout comme art : la pratique passait chez eux avant la théorie. Ce furent deux sectes rivales ; cependant, chose remarquable, en partant de principes opposés, elles aboutissaient à peu près aux mêmes conséquences pratiques. « Cette ressemblance dans les préceptes moraux de toutes les religions, de toutes les sectes de philosophie, suffirait pour prouver qu'ils ont une vérité indépendante des dogmes de ces religions, des principes de ces sectes[5]. »

[1] Œuvres de Cond.; tome VI, p. 89.
[2] Idem ; p. 89.
[3] Idem ; p. 88.
[4] Cf. Idem ; p. 89.
[5] Idem ; p. 92.

Une école nouvelle naquit à Rome de la fusion de toutes
les autres, l'Eclectisme, philosophie qui convenait particulièrement à un peuple formé du mélange de tant de nations
dont l'origine, les langues, les opinions et les croyances
étaient différentes.

Peuple étonnant, que le peuple romain ! Parti de rien, il
devint en quelques siècles le maître du monde, et exerça sur
les destinées de l'humanité une influence qui s'est prolongée
jusqu'à nous. Mais ce peuple n'avait d'autre génie que celui
de la conquête et de la domination. Quand la décadence arriva, il tomba dans une dégradation, dans un avilissement
inouï. Les Grecs furent dignes, même dans leur chute ; mais
les Grecs étaient intelligents, spirituels, artistes, tandis que
Rome resta toujours grossière. Elle eut, il est vrai, des poètes,
des historiens, des orateurs de premier ordre ; mais qui ne
furent latins que de langue : le fond de leur art était grec.
Cependant nous devons aux Romains une science nouvelle,
la Jurisprudence. La multiplicité des lois importées de toutes
parts par la conquête devint telle, qu'il fallut des hommes
spéciaux pour débrouiller ce chaos. Quiconque parvenait à
élucider un point obscur, en était aussitôt récompensé par
quelque magistrature importante et lucrative. Les jurisconsultes peuplèrent le sénat et lui survécurent ; leur puissance alla grandissant sans cesse, même sous les empereurs [1].

La religion des Romains n'était pas moins compliquée que
leur législation. Pour faciliter la soumission des peuples conquis, on admettait leurs principaux dieux au Capitole, à l'exception toutefois de ceux de certaines nations, ceux des Gau-
lois et des Juifs, par exemple, qui étaient des dieux trop ab-
solus, et dont les prêtres s'arrogeaient le droit de contrôler la
morale et même les lois. Bientôt il y en eut tant de légale-
ment reconnus, que les esprit sérieux, effrayés du nombre,
devinrent sceptiques ou passèrent, par une évolution assez
naturelle, à la croyance à un dieu unique diversement
nommé et compris, suivant les mœurs et les traditions parti-

[1] Cf. Œuvres de Cond.; tome VI, p. 95 et 96.

ticulières de chaque pays. Mais le scepticisme compta plus
d'adeptes que le monothéisme, et pour cause : il fallait avoir
reçu une certaine culture philosophique pour remonter de
cette multiplicité à l'unité, tandis que le doute était plus
à la portée des intelligences ordinaires. A l'époque de Cicéron, les dieux n'étaient plus, dans l'opinion moyenne, qu'une
machine sacerdotale, bonne tout au plus à effrayer les vieilles
femmes ou bien encore des êtres supérieurs, mais tout-à-fait
étrangers et indifférents aux choses humaines, c'est-à-dire
des dieux tels que ceux d'Épicure [1]. Les prêtres, on le devine
sans peine, défendirent leurs dieux ; mais, pour les accom-
moder au goût de l'époque, ils les transformèrent. Les philosophes cherchaient dans les Dialogues de Platon des armes
pour combattre les superstitions populaires; les prêtres, à
leur tour, puisèrent à la même source de quoi rajeunir et remettre à la mode leur mythologie surannée. « Ces Dialogues
furent l'arsenal où les deux partis allèrent forger leurs armes
théologiques. Nous verrons, dans la suite, Aristote obtenir
un semblable honneur, et se trouver à la fois le maître des
théologiens et le chef des athées [2]. » Mais les prêtres eurent beau rajeunir et moraliser leurs dieux; ils eurent
beau flatter les classes déshéritées en leur promettant, dans
une autre vie, une compensation aux humiliations et aux
souffrances de celle-ci : rien n'y fit ; le Paganisme était mort,
bien mort ; et Julien aurait régné aussi longtemps que Numa
de légendaire mémoire, qu'il eût échoué dans son entreprise. L'Orient offrait alors un aliment facile et abondant aux
imaginations avides de croyances religieuses et naturellement
portées au mysticisme, comme il arrive toujours après une
période de scepticisme : vingt sectes égyptiennes ou judaïques,
toutes hostiles à la religion de l'empire, se disputaient les
adhésions des apostats. Après s'être combattues entre elles
avec fureur, elles finirent par se confondre et se perdre dans
la religion de Jésus. « On parvint à composer de leurs débris
une histoire, une croyance, des cérémonies et une morale,

[1] Cf. Œuvres de Cond.; tome VI, p. 91 et 100.
[2] Idem; p. 101.

auxquelles se réunit peu à peu la masse de ces illuminés [1]. »

Voilà ce que les hommes ont fait pendant la quatrième et la cinquième Époque. Dans les lettres et dans les arts, ils sont arrivés à un haut degré de perfection. S'ils n'ont pas fait faire aux sciences des progrès comparables, cela a tenu à l'insuffisance, non pas de leur zèle ni de leur intelligence, mais des moyens dont ils disposaient. Ils n'avaient pas, comme nous, l'imprimerie qui permet de multiplier à l'infini, non seulement les écrits des maîtres, mais le simple compte-rendu de toutes les observations isolées, de tous les perfectionnements de détail, de toutes les recherches qui ne valent que par leur réunion ; en un mot, de tous ces matériaux divers que le temps amasse, et qui sont les éléments du progrès futur. S'ils avaient eu quelque moyen de répandre vite et au loin toute découverte nouvelle, les travaux scientifiques n'eussent pas été emprisonnés dans le cercle étroit d'une école ; tous les esprits distingués du monde civilisé se fussent associés dans une collaboration d'autant plus féconde qu'elle eût été plus générale ; et, ce qui n'est pas moins important pour nous, les résultats obtenus n'eussent pas été à la merci de l'ennemi. C'est faute d'avoir pu se tenir, par des communication faciles et étendues, au courant des progrès d'autrui, que les savants furent obligés de travailler seuls, comme les artistes ; de commencer et d'achever, avec les ressources bornées de l'initiative individuelle, des œuvres qui auraient demandé la coopération d'une génération entière d'investigateurs.

C'est pour la même raison que cette étude des livres et des opinions, connue sous le nom d'érudition, étude d'autant plus en honneur alors qu'elle était plus difficile, forma une partie importante des travaux de l'esprit. Ce n'était pas un mérite vulgaire que d'avoir rassemblé sur chaque fait toutes les autorités qui pouvaient le confirmer ou le rendre douteux. L'admiration du public se mesura à la difficulté du travail. L'on s'habitua ainsi à ne considérer que comme secondaire

[1] Œuvres de Cond.; tome VI, p. 101. — Cf. Havet; Origines du Christianisme, passim. — Vacherot; la Religion, passim. — Gaston Boissier; la Religion romaine d'Auguste aux Antonius, passim.

ce qui devait être le principal. Après la vogue des théories subjectives, vint la mode non moins funeste de commencer par faire, avec surabondance de détails, l'historique de chaque question avant de l'aborder, dût-on manquer ensuite de temps pour la résoudre. Aussi ne faut-il pas trop s'étonner si le sens critique et l'esprit de doute méthodique ont généralement manqué aux anciens. Au milieu d'affirmations souvent contradictoires et toujours difficiles à contrôler, on songea avant tout à étayer son opinion du nom et du nombre des auteurs, si l'on ne se contentait pas de l'opinion d'autrui. L'autorité l'emporta ainsi sur la raison ; et la croyance à la supériorité des temps passés s'accrut de cette façon au grand détriment de l'idée du progrès.

SIXIÈME ÉPOQUE

Décadence des lumières, jusqu'à leur restauration, vers le temps des croisades.

Cette Époque occupe peu de place dans le *Prospectus*, et aucun *fragment* ne s'y rattache. C'est une partie ingrate de l'histoire, qu'il était difficile d'exposer sans livres, même avec une mémoire prodigieuse. Ce n'est pas qu'il y ait pénurie de faits ; mais ces faits, outre qu'ils nous ont été transmis confus et souvent dénaturés, ont pour la plupart un caractère tellement analytique, qu'ils ne valent guère que par leur nombre. Condorcet s'est donc contenté d'esquisser à grands traits le tableau général de la vie et des mœurs de cette époque malheureuse. On y trouve pourtant certains événements marquants qu'il aurait pu, peut-être dû signaler et apprécier, par exemple le règne de Charlemagne et ses louables tentatives de réorganisation ; mais notre philosophe était trop porté à juger en pessimiste ces temps de misère et d'ignorance [1].

L'Occident se relèvera plus vite que l'Orient, bien que la

[1] Voir Cond.; Œuvres, tome VI, p. 109.

décadence y ait été plus rapide et plus profonde. Quand les Turcs chasseront de Constantinople les derniers et pâles représentants de l'antique civilisation grecque, l'Occident sera déjà en état de les recevoir dignement et de renouer la chaîne des traditions, si toutefois elle a été complètement rompue, ce que nie un historien contemporain [1]. C'est que le despotisme oriental, sans être aussi brutal, était plus étendu et plus systématique que celui des barbares. Ceux-ci, heureusement pour les vaincus, n'avaient pas l'esprit politique aussi développé que les empereurs. C'est aussi que les peuples de l'Orient, épuisés, énervés par une longue et monotone servitude, ne savaient plus agir, mais disputer, subtiliser, rêver ; tandis que ceux d'Occident étaient incultes, il est vrai, mais avaient conservé, à travers les péripéties de leur histoire, une certaine sève de jeunesse. Aussi voyons-nous une foule de villes grandir peu à peu et devenir, dès le xie siècle, un point d'appui pour l'affranchissement de la nation vaincue [2].

Un événement, aussi considérable qu'étonnant dans ces temps de férocité stupide, contribua beaucoup à ce relèvement. L'esclavage domestique, cette plaie de la société antique, cette tache indélébile de la civilisation grecque et latine, fut aboli par les barbares. Condorcet n'en attribue pas le mérite, comme on a coutume de le faire, à l'influence du Christianisme ; et avec raison, croyons-nous. Si le clergé, à une époque où il était tout-puissant, n'a pas empêché ni même adouci l'esclavage dans les États chrétiens du Nouveau-Monde, que pouvait-il alors en présence de la volonté brutale des vainqueurs ? C'est dans les mœurs germaines et dans la force des choses qu'il faut chercher la cause de ce fait important. Si les conquérants ne firent point d'esclaves, c'est qu'ils n'étaient pas habitués à en avoir et qu'ils n'en sentaient pas le besoin. Mais il leur fallait des colons attachés à la glèbe pour cultiver les terres conquises, et ils en eurent, quelle qu'ait pu être l'opposition des prêtres, si toutefois il y a eu opposition de leur part, ce qui n'est nullement prouvé.

[1] Fustel de Coulanges : Histoire des institutions politiques de l'ancienne France.
[2] Cf. Cond.; Œuvres, tome VI, p. 112.

Ce changement dans la manière d'asservir les hommes est un grand événement, mais qu'on ne peut bien apprécier que par ses conséquences éloignées, « car il n'eut d'abord qu'une influence presque insensible sur le sort des individus [1]. » A certains égards le serf du Moyen Âge était plus à plaindre que l'esclave de l'antiquité.

Le peuple non asservi était-il plus heureux ? Oui, dans les villes peut-être ; mais elles étaient relativement peu nombreuses : il n'y avait pas çà et là, comme aujourd'hui, d'agglomérations, si ce n'est pas au pied et pour ainsi dire sous l'œil du château féodal. Et contre la tyrannie du seigneur, aucun recours. La royauté ne pouvait rien : sans armées permanentes, sans impôts perpétuels, elle était à la merci de ses vassaux, qui voulaient bien consentir à mettre leurs soldats à sa disposition, mais contre l'ennemi du dehors et non contre leurs pairs. Les lois n'étaient pas moins impuissantes, si l'on peut appeler lois quelques coutumes incohérentes et barbares, qui avaient surtout pour but de protéger les forts et de leur assurer l'impunité. L'auteur en cite deux qui peuvent donner une idée de l'état moral de ce temps : celle qui permet à l'homicide de se racheter de la peine pour une somme d'argent fixée suivant la condition de la victime : et celle qui établit la culpabilité ou l'innocence d'un accusé d'après une épreuve superstitieuse ou le sort d'un combat singulier. Cependant il montre ici une indulgence relative : il trouve dans cette législation quelques institutions douces et humaines, qui ne faisaient, il est vrai, que consacrer pour lors les priviviléges des opprimants, mais qui conservaient au moins une faible idée de nos droits et « devaient un jour servir de guide pour les reconnaître et les établir [2]. »

Condorcet est moins dans le vrai quand il attribue particulièrement à cette époque ce qui est de tous les temps, l'inégalité artificielle que met entre les hommes, contrairement à la loi du nombre et à la force physique des individus, la supériorité des armes et l'habitude de s'en servir. Il semble se tromper aussi quand il insinue que le clergé chrétien s'est

[1] Cond.; Œuvres, tome VI, p. 111.
[2] Idem ; p. 115.

tout de suite concerté avec les puissants pour exploiter, à leur profit et au sien, la crédulité populaire. Le Christianisme ne se serait pas établi, il n'aurait pas fait des progrès si rapides, s'il avait été dès le principe tel que notre philosophe le représente. Mais cette restriction faite, on ne peut s'empêcher de reconnaître la justesse de certaines critiques et d'admirer la forme brillante et énergique qui les exprime[1]. C'est bien là le style de la conviction à la fois profonde et passionnée : si Luther avait été moins théologien et plus philosophe, c'est ainsi qu'il aurait écrit. On peut remarquer aussi que Condorcet s'est trouvé embarrassé quand il s'est agi de juger Mahomet. On sent qu'il a peine à concilier deux sentiments opposés, sa haine pour la superstition et l'estime que cet homme lui inspire. Pour être conséquent avec lui-même, il ne devait pas traiter les musulmans autrement que les chrétiens. Mais Mahomet lui a fait l'effet d'un grand homme, malgré son fanatisme calculé ; puis les Arabes l'ont séduit par leur esprit scientifique ; et, il faut aussi le dire, l'Islamisme était trop loin de lui pour le heurter directement comme le Christianisme. De là sans doute ce jugement vague et presque équivoque, que des ennemis pourraient lui reprocher comme entaché de partialité. Après tout, il avoue de bonne grâce que l'histoire semble donner tort à son opinion ; il a cherché à s'expliquer pourquoi, et il promet d'en exposer la cause dans son ouvrage ; or, nous savons qu'il n'a pu tenir cette promesse.

SEPTIÈME ÉPOQUE

Depuis les premiers progrès des sciences, lors de leur restauration dans l'Occident, jusqu'à l'invention de l'imprimerie.

La septième Époque est une de celles que Condorcet n'a fait que résumer brièvement. Elle mérite cependant une place honorable dans l'histoire du progrès. Les croisades, la chevalerie, l'établissement de plusieurs communes, les joutes

[1] Voir les pages 117, 118, 119.

fameuses de la scolastique sont des faits de premier ordre,
qui exercèrent une grande influence sur l'avenir. Notre
auteur n'avait garde de les oublier; s'il n'en étudie pas ici
les conséquences avec plus de détails, c'est qu'il se propose
de le faire plus tard. Il ne pouvait non plus manquer de signaler l'invention de la poudre à canon, ni l'usage de la
boussole introduit en Europe et de plus en plus répandu :
innovations qui ne devaient pas avoir de moindres résultats,
quoiqu'elles se soient présentées au début sous une apparence plus équivoque ou plus modeste. Les armes à feu sont
un terrible moyen de destruction ; elles ont cependant
rendu la guerre moins meurtrière, et surtout plus dispen-
dieuse, ce qui a permis aux peuples policés et laborieux d'acquérir par le travail et l'industrie des garanties de sécurité
contre les caprices et l'aveugle courage des nations barbares[1].
Avec la boussole on peut étendre au loin les relations com-
merciales et autres, traverser les Océans et découvrir de
nouveaux mondes. Et, à côté de ces causes notoires de
progrès, que d'autres à citer, qui paraissent presque insignifiantes, mais dont les effets ont été à la longue très-impor-
tants. Un manuscrit du code de Justinien, que le hasard découvre, fait renaître l'étude de la jurisprudence : une mauvaise traduction d'Aristote, d'après un texte arabe, conduit
peu à peu, à travers les subtilités de la scolastique, à cette
analyse philosophique qui a été l'une des sources les plus
fécondes de nos progrès[2].

Le commerce, prenant après les croisades et la découverte
de la boussole une extension nouvelle, mit en rapport constant
des nations éloignées et jusqu'alors étrangères les unes aux
autres : ce qui contribua puissamment à augmenter, avec les
richesses et le bien-être, le fond intellectuel et moral de chacune d'elles. En voyageant l'on apprit beaucoup et l'on s'habitua à ne pas condamner sans examen les usages et les opinions d'autrui. Si la politique, la législation, l'économie publique ne s'élevèrent pas aussitôt à l'état de sciences, on s'é-
claira du moins par l'expérience, on rassembla des observa-

[1] Cf. Cond.; OEuvres, tome VI, p. 131.
[2] Idem; p. 132 et 133

tions diverses, et, en les comparant, on prépara des éléments
scientifiques dont les générations suivantes devaient faire la
synthèse [1].

Ces relations internationales influèrent aussi sur les idées
religieuses. S'il fallut au vulgaire, que les moines ne ces-
saient de fanatiser, des siècles encore pour arriver au sentiment de la tolérance, il se forma tout de suite un noyau de
libres penseurs, qui s'organisèrent en sociétés secrètes et ré-
pandirent parmi quelques adeptes « un petit nombre de
vérités simples, comme de sûrs préservatifs contre les préjugés dominateurs [2] ! » Là était l'espoir de l'avenir. Mais ce
fut sourdement et avec les plus grandes précautions que l'esprit de libre examen put faire son chemin. A peine voit-on
émerger çà et là quelques noms téméraires, comme Pierre
des Vignes et Wicleff, qui attestent, à de longs intervalles,
que le travail de la Réforme ne cesse de se préparer, mais
dans l'ombre et à l'abri des bûchers de l'Inquisition. Cependant les libres penseurs ne se contentaient pas toujours de
mépriser en secret les superstitions : parfois « ils se permet-
taient de répandre sur elles, en passant, quelques traits d'un
ridicule rendu plus piquant par un voile de respect, dont ils
avaient soin de le couvrir [3]. » On trouve dans nos fabliaux la
preuve que cet esprit sceptique et malignement révérencieux
ne déplaisait pas au public des lecteurs ; la royauté, qui se
sentait en butte à l'ambition cléricale, ne tarda pas à l'encourager. Alors les prêtres furent obligés d'étudier pour se
défendre contre ces attaques de plus en plus fréquentes et
sérieuses ; et, de leur côté, les rois favorisèrent les écoles destinées à former des jurisconsultes, qu'ils avaient besoin d'opposer aux prêtres : ce qui contribua doublement au progrès
des lumières.

Lumières bien pâles encore, il faut l'avouer, car cette
époque est presque aussi dépourvue de véritable science que
la précédente. Nous devons aux scolastiques, il est vrai, des
notions plus précises sur certaines idées ; mais la méthode

[1] Cf. Cond.; OEuvres, tome VI, p. 132.
[2] Idem ; p. 127.
[3] Idem, p. 126.

qu'ils employaient ne pouvait que retarder dans les écoles l'avancement des sciences inductives. Les Arabes nous communiquèrent des livres et des connaissances précises, mais nous n'étions pas encore en état d'en tirer un parti sérieux : l'industrie et les arts mécaniques en profitèrent beaucoup plus que la science. Ce qui nuisit le plus au progrès, ce fut la foi excessive que l'on avait dans l'autorité. Cette foi n'a rien d'étonnant: c'est un des travers de la nature humaine, et le Christianisme avait tout fait pour le développer. Longtemps la raison resta muette ; elle avait été trop humiliée pour oser d'abord protester ; mais elle en aura le courage dès que la science, sa fille, sera assez forte pour lui prêter appui.

Quant aux mœurs, elles restèrent à peu près ce qu'elles étaient, c'est-à-dire « corrompues et féroces ; l'intolérance religieuse fut même plus active [1] ; » et les guerres, de nationales, devinrent particulières, pour ne pas dire civiles : n'ayant plus de barbares à combattre, les seigneurs se combattirent entre eux. Sans doute la galanterie des troubadours et la générosité des chevaliers durent adoucir un peu les mœurs; mais pas les mœurs de tout le monde : cette amélioration, « bornée aux cours et aux châteaux, n'atteignit pas la masse du peuple [2]. »

HUITIÈME ÉPOQUE

Depuis l'invention de l'imprimerie jusqu'au temps où les sciences et la philosophie secouèrent le joug de l'autorité.

La huitième Époque est moins féconde assurément que la suivante ; mais elle n'est pas moins intéressante. C'est le moment de la grande lutte, de la lutte définitive entre l'esprit du moyen âge et l'esprit moderne. La résistance a été énergique et violente, quelquefois féroce, comme toute résis-

[1] Cond.; Œuvres, tome VI, p. 137.
[2] Idem.

tance désespérée; tandis que l'attaque, quoique aussi vive, s'est généralement montrée plus modérée. Ses principes, le sentiment de sa force, sa foi dans l'avenir l'auraient toujours maintenue sans doute dans une attitude calme et digne d'elle, si la fureur des partisans du passé n'avait trop souvent provoqué sa colère.

L'invention de l'imprimerie occupe tout d'abord une large place, et non sans raison : c'est un événement de la plus haute importance, c'est un fait capital. Sans l'imprimerie, la plupart des progrès qui se succédèrent aussitôt avec une rapidité jusqu'alors inconnue, eussent été lents, difficiles, presque impossibles; avec elle, au contraire, on se sent tout d'un coup délivré des obstacles qui retardaient l'élan des esprits : plus de barrière qui confine le génie dans un travail isolé, les livres, dans les bibliothèques de quelques riches amateurs; plus de force capable de détruire un ouvrage ou une vérité. Les écrits se répandent et se multiplient à l'infini; l'instruction est affranchie de ses entraves; l'étude devient accessible et facile à quiconque a des dispositions et des loisirs; l'erreur est combattue dès sa naissance et attaquée avant de pouvoir s'enraciner; on voit surgir une nouvelle puissance, supérieure à toutes les autres, celle de l'opinion publique désormais éclairée et au courant des découvertes et des travaux de la science.

Avec l'invention de l'imprimerie coïncident presque deux autres événements également importants : l'un, la prise de Constantinople par les Turcs, a exercé une action immédiate sur les progrès de la civilisation en faisant passer en Occident, avec les monuments de l'antique littérature grecque, de nombreux hellénistes qui mirent leur gloire à les interpréter et à les répandre : l'autre, la découverte de Colomb, suivie à six ans de distance de celle de Vasco de Gama, devait avoir sur la destinée de l'humanité entière une influence indéfinie. « C'est à cette époque seulement que l'homme a pu connaître le globe qu'il habite; étudier, dans tous les pays à la fois, l'espèce humaine modifiée par la longue influence des causes naturelles ou des institutions sociales; observer les productions de la terre ou des mers dans toutes les températures,

sous tous les climats [1]. » Que de ressources nouvelles ! Quel
champ ouvert au commerce, à l'industrie, à la science, en
un mot à l'activité humaine ! Mais hélas ! les malheureux
qui habitaient les contrées récemment découvertes ne furent
point traités comme des hommes: ils n'étaient pas chrétiens,
et les chrétiens avides et sanguinaires les volèrent et les
égorgèrent sans scrupules et sans remords. « Les ossements
de cinq millions d'hommes ont couvert ces terres infor-
tunées... et déposeront jusqu'à la fin des siècles contre la
doctrine de l'utilité politique des religions, qui trouve encore
parmi nous des apologistes [2]. »

Jusqu'ici les attentats du sacerdoce ont été impunis : les
réclamations de l'humanité opprimée et de la raison outra-
gée ont été étouffées dans le sang et dans les flammes. Mais
Luther paraît, et, les livres saints à la main, demande compte
à la cour de Rome des scandales et des barbaries qu'elle autorise ou commande. Les peuples, depuis longtemps indignés,
se soulèvent contre elle, de la Suède jusqu'à l'Italie, de la
Hongrie jusqu'à l'Espagne ; et la Réforme est faite. Mais le sang
coule encore, et plus que jamais. L'intolérance catholique se
surpasse elle-même en cruautés. Il fallait à tout prix empêcher l'esprit de libre examen de se propager ; on effraya les
princes, ce qui n'était pas difficile : le despotisme, qui lui
aussi a son instinct, sentit que la Révolution, après avoir at-
taqué les usurpations de la papauté, attaquerait celle des
rois ; et les deux despotismes firent alliance et marchèrent
presque partout de front contre l'ennemi commun, bien dé-
cidés à ne reculer devant aucune extrémité. Persécutions,
assassinats, guerre civile, tous les moyens parurent bons ;
toutes les armes furent bénies, *ad majorem Dei gloriam*. Cette
débauche d'intolérance eut néanmoins un résultat heureux.
Si elle réussit à entraîner dans la voie des violences, et par
là à compromettre pour le moment la Réforme aux yeux de
quelques philosophes vraiment éclairés, qui auraient été naturellement portés à l'embrasser, et si elle fit taire pendant
un temps les indifférents et les libres penseurs, qui commen-

[1] Cond.; Œuvres, tome VI, p. 145.
[2] Idem.

çaient à s'affirmer dans toute l'Europe chrétienne, et surtout en Italie : ce ne fut là qu'un succès illusoire et éphémère. L'indifférence et la libre pensée ne furent pas extirpées ; elles se développèrent dans l'ombre et se propagèrent sourdement. A la vue des excès dont les deux partis se rendaient coupables, on se prit à douter de l'efficacité morale des croyances religieuses. Le résultat le plus net des guerres de religion fut le progrès de la raison au détriment de la foi. Le fanatisme fit naître la tolérance : sur le fond sombre de ces temps malheureux, on voit se détacher de nobles figures qui respirent la douceur, la modération et l'humanité.

La royauté n'eut pas non plus à s'applaudir de son intervention dans ces luttes religieuses. « Indignés de voir les peuples opprimés jusque dans le sanctuaire de leur conscience par des rois, esclaves superstitieux ou politiques du sacerdoce, quelques hommes généreux osèrent enfin examiner les fondements de leur puissance [1], » et révélèrent quelques vérités que les peuples n'avaient garde d'oublier. Certainement les théories politiques du xviᵉ siècle sont plus hardies que rigoureuses : elles n'ont point encore la précision que leur donnera le xviiiᵉ ; elles n'en ont pas moins imprimé un grand élan aux esprits, et la vérité devait se dégager peu à peu de ces conclusions prématurées, de ces systèmes improvisés.

La jurisprudence aussi fit des progrès sensibles, progrès plus pratiques peut-être, mais de moindre portée que ceux de la science politique. Si les Althusius et les Languet allèrent trop vite, les Cujas furent trop timides. En écartant, comme ils le firent, le droit naturel, pour ne s'appuyer que sur des textes plus ou moins consacrés par le temps, ils se condamnèrent à des observations de détail qui devaient rester sans valeur dès que le privilège de l'autorité ferait place au droit de la raison. Ils facilitèrent pour un temps, on doit leur rendre cette justice, la tâche des gouvernements et mirent un peu d'harmonie et de logique dans les lois ; ils s'élevèrent même jusqu'à l'idée du droit des gens :

---

[1] Cond.; OEuvres, tome VI, p. 154.

mais leur science était mal assise et les générations suivantes durent reprendre leur œuvre et la reconstituer sur des bases nouvelles.

Quant aux sciences proprement dites, elles montèrent alors tout d'un coup à des hauteurs surprenantes. Galilée, Copernic, Kepler, pour ne citer que les noms les plus saillants, firent, surtout en astronomie, des découvertes dont on ne conteste plus depuis longtemps la merveilleuse exactitude. Bacon et Descartes peuvent venir : les voies sont préparées ; l'autorité a fait son temps. Galilée, protestant contre l'humiliation qu'un pape lui inflige, ouvre une ère nouvelle, l'ère de la raison indépendante. Plus d'un siècle auparavant, Jules II et Léon X, au lieu d'entraver le génie, l'avaient encouragé. Mais il faut remarquer que les tendances du génie avaient changé de direction : les arts avaient depuis cédé le pas aux sciences. Or, les arts n'ont jamais paru redoutables aux partisans du passé, tandis que les sciences les ont toujours effrayés, et pour cause. Mais vainement on essaya d'arrêter le mouvement des intelligences. Une fois le courant établi, les faibles digues, qui auraient pu résister d'abord, furent emportées et devaient l'être. Les papes et leurs alliés eurent beau gémir, maudire et anathématiser : ils ne purent que constater leur propre impuissance. Le peuple avec son instinct, qu'un peu de lumière rend perspicace et pénétrant, sentit, vaguement sans doute, comme toujours, mais avec une force d'opinion contre laquelle rien ne put prévaloir, qu'il était intéressé aux succès de la science, et prit parti pour les savants : dès lors les persécutions devinrent une cruauté gratuite, une sorte de vengeance d'autant plus odieuse qu'elle était sans profit.

NEUVIÈME ÉPOQUE

Depuis Descartes jusqu'à la formation de la République française.

Cette Époque, à ne consulter que les dates, est la plus courte de toutes ; mais ce n'est pas, tant sans faut, la moins remplie : les noms et les faits marquants s'y pressent en foule.

Au premier rang il faut placer une découverte qui doit changer la face de la politique, celle des *droits de l'homme*, que les publicistes, après de longues erreurs, sont enfin parvenus à démêler et à définir. Les fausses théories sur lesquelles la royauté a jusqu'alors appuyé ses pratiques astucieuses sont ébranlées et menacent ruine. La royauté sans doute a favorisé l'émancipation du peuple ; elle a soustrait la personne humaine à l'oppression féodale ; elle a même fait pénétrer peu à peu dans les lois l'esprit d'égalité ; mais, en agissant ainsi, elle n'a eu d'autre mobile que son intérêt propre [1]. Pour dominer, elle devait commencer par ruiner la domination qui lui faisait obstacle. Si l'effet de sa tactique a été salutaire à la cause populaire, il n'y a pas lieu de lui en savoir gré. Elle ne pouvait d'ailleurs, sans modifier radicalement son principe, reconnaître et se charger de faire respecter les droits de l'homme. La nécessité d'une autre forme de gouvernement plus en harmonie avec le nouveau concept social devait se faire sentir. Sidney paya de son sang l'honneur d'avoir le premier indiqué la route à suivre ; Locke attacha l'autorité de son nom aux idées de Sidney ; Rousseau les développa ensuite avec plus de précision, d'étendue et de force, et « il mérita la gloire de les placer au nombre de ces vérités qu'il n'est plus permis d'oublier ni de combattre. »

Ces progrès dans la science sociale avaient pour première cause ceux de la philosophie générale. Condorcet fait une

[1] Cf. Cond.; tome VI, p. 173 et 174.
[2] Idem ; p. 178.

revue rapide des principaux systèmes qui ont alimenté les
études philosophiques de son siècle et du siècle précédent ; il
les apprécie à la hâte, trop à la hâte, surtout les derniers
qu'il n'a pas eu le temps d'examiner à fond. Comme Voltaire,
il passe vite sur Descartes. S'il blâme avec justice son imagination impatiente, il lui reconnaît du moins le mérite
« d'avoir réuni la philosophie au domaine de la raison [1] ; »
ce qui dans sa bouche n'est pas un médiocre éloge. Ses préférences sont pour Locke. Faut-il s'en étonner ? Outre que
Locke est le maître du xviii° siècle, sa méthode conduit tout
droit à la *philosophie positive*, dont Condorcet, au jugement
même d'Aug. Comte, peut être regardé comme le père. Locke
a analysé les idées, les a déterminées, circonscrites, et a ensuite attaché à chacune un mot précis pour l'exprimer ; il a
fixé les bornes où doivent s'arrêter les investigations de la
science. Voilà ce que Condorcet admire ; voilà la méthode
féconde qu'il approuve et adopte sans restriction. Grâce à
elle, toutes les sciences, sciences morales et politiques aussi
bien que naturelles, peuvent suivre désormais une marche
sûre. C'est un instrument universel qui doit rendre au progrès d'immenses services, non seulement en activant son
avancement, mais aussi en opposant une barrière infran-
chissable aux erreurs et préjugés qui lui ont si longtemps
fait échec. Inutile d'ajouter que notre auteur partage entièrement, avec presque tout son siècle, l'opinion de Locke sur
l'origine de nos idées morales. — Après Locke, vient Leibnitz,
son contradicteur, que Condorcet juge avec beaucoup de sévérité. C'était, à son avis, un génie vaste et profond, mais
que son imagination inquiète poussa dans une fausse voie :
« il trancha le nœud qu'une sage analyse n'aurait pu dé-
nouer [2]. » Sa théorie de l'optimisme et celle des monades
sont ingénieuses et auraient pu être inoffensives, comme le
système de Descartes, si elles étaient restées dans une généralité abstraite ; mais les disciples ont compromis le maître :
ils ont voulu trouver dans les faits la preuve de ses assertions
et se sont trop souvent « égarés dans des détails ou révoltants

[1] Cond.; tome VI, p. 182.
[2] Idem ; p. 185.

ou ridicules . » Mais Condorcet passe vite sur ce système et
sur celui des Ecossais, « qui voulaient attribuer à l'âme humaine une faculté nouvelle : » il a l'intention de s'y arrêter
plus tard et de montrer que si ces opinions « ont nui à la
marche de la philosophie, elle ont, en revanche, été utiles à
la propagation plus rapide des idées philosophiques[1]. »

Ces controverses entre différentes écoles, qui toutes invo-
quaient la raison, habituèrent le public à se défier de l'autorité et à juger par lui-même. Puis il se forma bientôt en Europe une classe d'hommes moins soucieux de découvrir la
vérité, que de la répandre. Ceux-ci complétèrent, en la fé-
condant, l'œuvre des philosophes. Comme ils ne se propo-
saient pas seulement de convaincre, mais aussi de persuader,
ils employèrent au service de leurs idées toutes les armes de
l'intelligence et de l'esprit. Ils prirent pour cri de guerre
raison, tolérance, humanité[3]. Leur influence sur l'opinion fut
immense. C'est pour cela que les gouvernements, qui au
fond leur étaient hostiles, mais n'osaient pas les inquiéter
ouvertement, feignirent de les encourager, tout en leur faisant sourdement une guerre déloyale. Ils en furent pour leurs
frais d'hypocrisie. De la France, qui était le foyer de la propagande philosophique, rayonnaient dans toute l'Europe les
idées nouvelles, avec une rapidité que favorisait de plus en
plus la diffusion croissante de la langue française. Les ennemis
du progrès aux abois devinrent de moins en moins scrupuleux
sur le choix des moyens : pour résister ils employèrent to't
ce que la sophistique put leur fournir d'arguments ; « ils
firent servir le pyrrhonisme même à la cause de la crédulité[4]. »

Vains efforts ! Les économistes arrivent au secours des philosophes. L'imprimerie multiplie les livres et les accommode
au goût et aux besoins de toutes les classes de lecteurs. La
doctrine de la perfectibilité de l'espèce humaine est formulée,
acceptée, propagée, et porte le dernier coup à l'édifice depuis longtemps chancelant des préjugés. Les philosophes de

[1] Cond.; tome VI, p. 186.
[2] Idem.
[3] Idem ; p. 189.
[4] Idem ; p. 190.

tous les pays s'unirent instinctivement pour combattre les
ennemis de l'humanité : d'où il résulta une profession de foi
commune, un symbole sans nom d'auteur qu'adoptèrent tous
les bons esprits. Malgré les perfides tentatives d'une fausse
philosophie, qui prétendit faire triompher le parti de l'ignorance en denigrant l'intelligence humaine, la masse des peuples se laissa pénétrer par les lumières, et il se forma en faveur du progrès une opinion publique assez forte pour défier
désormais toute opposition réactionnaire.

En comparant cette disposition des esprits avec le système
politique alors en vigueur, on pouvait aisément prévoir
qu'une grande révolution était inévitable. L'exemple de l'A -
mérique devait d'ailleurs stimuler l'Europe, surtout la France,
qui avait été dès le principe l'alliée de la jeune République,
et que sa place à la tête de la civilisation désignait naturellement pour donner le signal. Cette révolution pouvait se faire
de deux manières : par l'initiative du peuple, ou par celle du
pouvoir. Mais le gouvernement était alors incapable de me-
ner à bonne fin aucune réforme sérieuse : sa maladresse a
même précipité les événements. La révolution s'est donc faite
contre lui.

Et pendant que la philosophie, en faisant ainsi pénétrer
ses idées dans la politique, en renouvelait les principes et les
formes, elle rendait en même temps plus actif le progrès des
sciences, en leur prêtant ses méthodes rigoureuses et fécondes. Que de noms glorieux à citer depuis Descartes jusqu'à D'Alembert, et aussi que de brillants résultats obtenus
en un siècle ! Mathématiques, astronomie, physique, chimie,
histoire naturelle, toutes les sciences, en un mot, ont marché
de découverte en découverte. L'algèbre est appliqué à la géo·
métrie ; Newton trouve un calcul nouveau et la gravitation
universelle ; la mécanique rationnelle devient une science ;
le ciel s'enrichit de nouveaux astres ; grâce à Franklin, la
cause de la foudre cesse d'être un secret ; une science pleine
de promesses pour l'avenir est inventée, la météorologie ; la
physique apprend à faire des expériences et des instruments
d'observation ; l'alchimie fait place à la chimie ; les nomen-
clatures et les classifications facilitent l'étude des sciences na-

turelles, tandis qu'est enfin mise ouvertement en pratique
l'anatomie, sans laquelle la science de l'homme physique ne
pouvait reposer que sur des hypothèses ou des à peu près.
Ce que Condorcet s'attache surtout à mettre en relief, c'est
l'application du calcul à toutes sortes de questions, et les conséquences qui en résultent et doivent en résulter dans la
suite. Ce qu'il regarde aussi comme pouvant contribuer à des
perfectionnements indéfinis, c'est l'invention d'une langue
purement scientifique pour l'algèbre, la seule langue vraiment exacte et analytique qui existe encore, mais qui donnera lieu sans nul doute à de nombreuses imitations.

Des sciences notre philosophe passe aux arts, qui en dépendent par leurs méthodes et leurs théories, et qui n'en
sont, pour la plupart, que les applications pratiques aux divers besoins de la vie matérielle et morale. Il prend ici,
comme ailleurs, le mot *art* dans son acception la plus géne-
rale ; il ne fait même pas des beaux-arts et de la littérature
une classe à part, bien que le goût, qui en est le principal élément et le régulateur. procède autant de l'imagination et
de la sensibilité que de l'intelligence. Il place l'architecture
à côté de la médecine et de la navigation ; de la physique il
passe presque sans transition à la peinture ; de la peinture, à la
tragédie. Ce plan, qui peut paraître désordonné, a du moins l'a-
vantage de mettre mieux en évidence la subordination des
arts aux théories philosophiques, et de ramener les différents
progrès partiels au progrès général des sciences qui les résume tous, et marque, pour ainsi dire, à chaque degré de son
ascension le niveau de l'intelligence humaine. Les sciences
ne progressent, il est vrai, qu'en se divisant ; mais cette division, qui n'a d'autre but que de rendre plus facile l'étude
spéciale et le développement de chacune, cesserait d'être efficace, si, brisant les liens naturels qui les unissent, elle tendait à les rendre indépendantes. Chacune travaille à l'écart,
mais en profitant des découvertes des autres ; c'est comme
une confédération harmonieuse dont la prospérité générale
dépend à la fois et des efforts particuliers et de l'union qui
les dirige tous vers un but unique et commun. Or, ce qui est
vrai des sciences ne l'est pas moins des arts. Un art aban-

donné à ses seules ressources est vite épuisé. Si la science ne vient pas renouveler ses méthodes et rajeunir sa théorie ; si les autres ne lui donnent pas appui et impulsion, il y a stagnation forcée : l'invention languit ; le génie s'éteint faute d'aliment ; l'artiste tourne péniblement dans le même cercle, réduit, s'il ne veut pas copier servilement ses devanciers, à chercher dans la manière, presque toujours au détriment du bon goût, une vaine apparence d'originalité.

En résumé, la neuvième Époque a été très-féconde, et le bien qu'elle a fait est impérissable, car avec l'imprimerie il ne peut plus y avoir de décadence scientifique. La décadence momentanée du goût est même peu à craindre pour les arts : les sciences leur assurent une source inépuisable d'inspirations et de procédés nouveaux. Mais tout n'est pas fait : les lumières ne rayonnent encore que sur une faible partie du globe, et, dans les pays les plus favorisés, il n'y a qu'un très-petit nombre d'hommes éclairés. La majorité des humains est encore plongée dans les ténèbres de l'ignorance et des préjugés, et dans les maux et les vices qui en sont la conséquence nécessaire. « L'âme du philosophe se repose avec consolation sur un petit nombre d'objets ; mais le spectacle de la stupidité, de l'esclavage, de l'extravagance, de la barbarie l'afflige plus souvent encore ; et l'ami de l'humanité ne peut goûter de plaisir sans mélange qu'en s'abandonnant aux douces espérances de l'avenir [1]. »

DIXIÈME ÉPOQUE

Des progrès futurs de l'esprit humain.

Peut-on prévoir l'avenir ? Telle est la question fondamentale que Condorcet se pose tout d'abord. Oui, répond-il, mais avec une circonspection qui fait honneur à sa logique. Il n'a pas la prétention, quelle que soit sa foi dans le progrès, de

[1] Cond.; tome VI, p. 232.

prédire avec assurance les destinées futures de l'humanité. Il traitera le développement des facultés intellectuelles et morales, comme les naturalistes, les phénomènes de l'univers ; il raisonnera comme les sages, quand ils règlent leur conduite sur l'expérience du passé : heureux d'arriver ainsi à une probabilité voisine de la certitude.

L'avenir va se mettre à l'œuvre. Dans quel état trouvera-t-il le monde ? Un coup d'œil jeté sur le globe remplit le philosophe de satisfaction et d'espérance. La Révolution française a profondément amélioré les conditions de la vie sociale. Les principes de la constitution qui en est sortie sont déjà ceux de tous les hommes éclairés de l'Europe ; ils vont se répandre et se propager de plus en plus chez tous les peuples et dans toutes les classes de la société. Les gouvernements sages se laisseront aller au courant ; les tyrannies voudront résister et seront brisées. Au prosélytisme brutal et fanatique, qui nous a aliéné les sauvages habitants des terres récemment découvertes ou conquises, va succéder une propagande persuasive et civilisatrice. Les barrières qui séparent les peuples les uns des autres s'abaisseront ; le commerce en profitera pour le bien des Européens et pour celui des hommes de couleur ; chaque colonie deviendra à la fois une source de richesses et un foyer de lumière ; enfin un jour viendra « où le soleil n'éclairera plus sur la terre que des hommes libres, ne reconnaissant d'autre maître que leur raison [1]. »

Cette perspective est radieuse. Mais n'est-ce pas, diront les incrédules, un mirage trompeur ? Le progrès n'a pas suivi dans le passé un cours régulier et continu : il y a eu souvent des révolutions, des invasions, des conquêtes, qui l'ont arrêté brusquement dans sa marche. Déjà, une fois au moins, les lumières de la civilisation naissante se sont presque complètement éteintes, et l'humanité a été ramenée violemment en arrière. Le moyen âge ne paraît-il pas une époque de barbarie, comparé au siècle brillant de Périclès ? Or, l'avenir est-il assuré contre ces retours ? N'est-il pas à craindre que quelque nation arriérée et fanatique ne vienne encore con-

[1] Cond.; tome VI, p. 244.

quérir les peuples civilisés, et les replonger dans les ténèbres ?
Tout ne peut-il pas encore une fois être remis en question ?
— Non, dit Condorcet. Une seule combinaison, une nouvelle
invasion de l'Asie par les Tartares, pourrait derechef faire
échec au progrès ; mais cette combinaison est désormais impossible [1]. Les grandes religions de l'Orient, de plus en plus
abandonnées au peuple, partagent l'avilissement de leurs
ministres. Ce fanatisme, jadis puissant, qui était une menace
perpétuelle pour la civilisation de l'Occident, est en pleine
décadence. Si les progrès des Grecs ont été perdus pour les
autres nations, cela tient à des causes qui n'existent plus, et
pareil malheur n'est plus à redouter. Les sciences et les arts,
le droit et la morale, la politique et le commerce, en un mot
la civilisation, arrivée au point de développement où nous la
voyons, et favorisée par les communications rapides et les
intérêts communs qui relient aujourd'hui tous les peuples, ne
peut plus désormais péricliter.

Cependant, dira-t-on encore, ne se produira-t-il pas dans
l'avenir des obstacles nouveaux, dont nous ne pouvons prévoir exactement la nature, ni, à plus forte raison, l'impor-
tances et les effets ? Voyons. Quant à la matière sur laquelle
s'exercent les sciences, il n'est pas admissible qu'elle s'épuise:
l'homme aura beau découvrir, il restera toujours des découvertes à faire. La somme de notre savoir, par quelque chiffre
qu'on la multiplie, ne représentera jamais qu'un point lumi-
neux au milieu des ténèbres d'un immense inconnu. Mais,
si les objets de notre science sont infinis, nos facultés ne le sont
pas ; et, n'est-il pas permis de supposer que l'homme pourra
rencontrer enfin un terme où son esprit s'arrêtera épuisé ?
— Non, répond encore Condorcet ; car, à mesure qu'aug-
menteront nos connaissances, nos instruments et nos méthodes se perfectionneront. Nous apprendrons à mieux classer
les faits particuliers et à les ramener à des faits de plus en plus
généraux. L'expérience du passé prouve que, lorsqu'une méthode est usée, le génie en trouve toujours une autre à la fois
plus simple et plus puissante pour la remplacer. Puis, l'ins-

[1] Cond.; tome VI, p. 243.

truction se répandant et l'aisance devenant plus générale, les
efforts d'un nombre plus grand d'intelligences pourron
s'unir. Le principe fécond de la division du travail s'étendra
aux sciences. Une association illimitée de chercheurs, au besoin les méditations d'une génération entière, trouveront et
feront sans peine ce qu'un individu réduit à ses seules forces
n'oserait pas même entreprendre. Les arts suivront nécessairement l'évolution progressive des sciences. Peut-être faut-il
faire une classe à part des arts libéraux, dont le progrès
n'est pas exclusivement soumis à la loi générale qui préside
au développement des autres. Ces arts, d'ailleurs, par cela
même qu'ils visent à un but purement moral et éminemment
élevé, semblent planer au-dessus de la vie réelle : ce sont
comme des arts de luxe, dont l'utilité immédiate n'apparaît
pas au vulgaire. Les autres, au contraire, se proposent avant
tout la satisfaction des besoins urgents et matériels, et contribuent puissamment à l'augmention du bien-être. Ils font des
instruments et des machines qui suppriment ou diminuent
nos labeurs ; il multiplient les produits de l'activité humaine
et les perfectionnent ; ils aplanissent les obstacles, prévien-
nent les accidents, rendent inoffensive l'insalubrité soit
des travaux, soit des habitudes, soit des climats ; ils ensei-
gnent à tirer meilleur parti des matériaux et des terrains, à
corriger par des échanges intelligents et de jour en jour plus
faciles les caprices ou la monotonie locale des productions ;
enfin, grâce à eux, la même surface de pays peut suffire
plus abondamment, malgré les exigences croissantes, à un
plus grand nombre d'habitants, et l'homme vit mieux en
travaillant moins.

Ici se présente encore une objection d'une certaine gravité
Le bien-être augmentant, la population n'augmentera-t-elle
pas aussi ; et si elle augmente en proportion, ne pourrait-il
pas en résulter une série interminable d'oscillations, et comme
une cause toujours subsistante de misères périodiques ? En
tout cas, cette éventualité ne se produirait que dans un temps
très-éloigné, et encore faudrait-il, pour qu'elle se produisit,
que le bien-être devançât en progrès la raison, la morale et
la science elle-même, dont il n'est guère qu'une conséquence :

ce qui paraît impossible. La science a toujours multiplié les ressources de la vie matérielle et doit continuer à les multiplier plus que jamais : « qui oserait deviner ce que l'art de convertir les éléments en substances propres à notre usage doit devenir un jour[1] ? » M. Caro est ici complètement d'accord avec Condorcet : « En même temps que les forces de l'homme s'augmentent presque à l'infini et que ses facultés s'étendent, les conditions économiques de l'humanité se transforment presque à vue d'œil. On voit croître à la fois deux phénomènes qui semblaient devoir être en raison inverse l'un de l'autre, et dont la conciliation invraisemblable, inespérée, est le plus grand triomphe de l'esprit : la quantité numérique de la population et les moyens d'existence. Tandis que l'existence des peuplades sauvages décroît dans des proportions effrayantes, partout ailleurs la population s'accroît en raison même de la civilisation... Un millier d'hommes vit plantureusement là où un sauvage trouverait à peine à subsister d'une façon misérable et précaire[2]. » Et il appuie cette assertion, qui pourrait paraître exagérée, sur des chiffres empruntés à la science.

Et même, en admettant qu'il y eût une limite au-delà de laquelle la masse des substances nutritives ne pût plus s'accroître, en résulterait-il des maux aussi grands que cherchent à le faire entendre ceux qui ont visité la Chine, ou ceux qui prétendent démontrer que la guerre est un fléau, une destruction nécessaire? D'un autre côté ne va-t-on pas trop loin quand on regarde comme une loi rigoureuse l'augmentation de la population en proportion du bien-être? Cela est vrai des animaux ; cela a même été jusqu'ici généralement vrai des hommes. Mais n'y a-t-il pas lieu de douter qu'il en doive être toujours ainsi. Dès aujourd'hui l'on peut constater, en France, sans aller plus loin, que la population dans certaines provinces et dans la plupart des familles, loin de s'accroître, tend plutôt à diminuer à mesure que l'aisance devient plus grande. Condorcet donne *a priori* les raisons de ce fait qu'il ne pou-

---

[1] Cond.; tome VI, p. 257.
[2] Caro ; second article sur le Progrès social ; Revue des deux mondes, tome CVIII, page 116 et suivantes.

vait que prévoir. Si l'on suppose qu'avant le temps où un excès de population soit à craindre, « les progrès de la raison
aient marché de pair avec ceux des sciences et des arts,...
les hommes sauront alors que, s'ils ont des obligations à
l'égard des êtres qui ne sont pas encore, elles ne consistent
pas à leur donner l'existence, mais le bonheur : elles ont
pour objet le bien général de l'espèce humaine ou de la société dans laquelle ils vivent, de la famille à laquelle ils sont
attachés,et non la puérile idée de charger la terre d'êtres inu-
tiles et malheureux [1]. » Il est à remarquer que ces lignes ont
été écrites quatre ans avant la publication de l'Essai de Mal-
thus sur le principe de la population.

Il n'est pas sans intérêt de voir comment M. Herbert Spencer, dans ses Principes de Biologie, tranche, comme en se
jouant, cette difficulté, qui n'en est pas une pour lui. Posant
en principe que, d'un côté, la richesse de l'alimentation et le
bien-être augmentent la fécondité, mais que le travail mental la fait diminuer, il conclut qu'il doit s'établir, entre ces
deux forces contraires, une compensation, une balance dont
les oscillations ne détruisent pas l'équilibre. Si le bien-être
augmente, la population augmente aussi ; mais de cet augmentation de la population résulte le danger de manquer de
subsistances. Pour y parer, il faut du travail, de l'adresse, de
l'intelligence, de l'empire sur soi-même : de là déclin de la
fécondité. D'où l'on peut conclure, en se plaçant au point de
vue du progrès, que « l'excès de fécondité a rendu la marche de la civilisation inévitable, » et, qu'en revanche, « la
marche de la civilisation doit inévitablement diminuer la fécondité, et en définitive en détruire l'excès [2]. » Le philosophe
anglais aboutit, on le voit, à une conclusion, qui ne diffère pas
sensiblement de celle de Condorcet. Mais quelle distance entre leurs doctrines ! ce que l'un réduit à une pure question
de biologie est pour l'autre une question morale.

Donc, point d'obstacles sérieux qui puissent arrêter de nouveau notre marche vers le progrès. Mais en quoi consistera

---

[1] Cond. ; tome VI, p. 258.
[2] H. Spencer ; Principes de biologie, analysés par L. Liard. Revue
philosophique ; 1er sem. 1878, p. 422-436.

ce progrès où nous allons? Quelles doivent en être les traits
caractéristiques et la direction? « Nos espérances sur l'état
à venir de l'espèce humaine peuvent se réduire à ces
trois points importants : — 1° la destruction de l'inégalité
entre les nations ; -- 2° le progrès de l'égalité dans un
même peuple ; — 3° Enfin le perfectionnement réel de
l'homme[1]. »

I. L'inégalité entre les nations se détruira, nous l'avons
déjà dit, par la suppression des barrières qui ont trop longtemps parqué chaque peuple dans un cercle étroit d'intérêts
et d'opinions ; par l'exemple et la propagande des nations les
plus civilisées ; par la diffusion et le développement des principes que la Révolution française a proclamés.

II. Les progrès de l'égalité dans un même peuple seront
plus lents. On arrivera vite sans doute à des institutions fondées sur le principe de l'égalité ; mais il y a, entre cette égalité théorique reconnue par la loi et l'égalité réelle dont jouis-
sent les individus, une grande distance, qui doit diminuer
continuellement, sans pourtant s'anéantir jamais, car elle a
des causes naturelles et nécessaires qu'il serait absurde et
même dangereux de vouloir détruire[2]. Ces causes peuvent
se ramener à trois : l'inégalité des richesses, l'inégalité d'é-
tat ou de condition qui en résulte, enfin l'inégalité d'instruction.

Il y aura toujours des riches et des pauvres ; mais si les
lois n'établissent pas des moyens factices de perpétuer les
fortunes et de les réunir ; si le commerce est libre ; si les petits capitaux n'ont à supporter que dans une proportion équitable le poids des impôts ; si le gouvernement n'a pas de
grasses sinécures à offrir à ses favoris ; si le mariage cesse
d'être une affaire d'argent et une question de préjugés ; si les
richesses ne donnent plus, avec les jouissances du luxe, des
titres suffisants pour arriver aux honneurs : l'excessive dis-
proportion des fortunes ira s'amoindrissant. Il est aisé de le
prouver, disait Condorcet[3], qui pourtant n'avait pas vu,

[1] Cond.; tome VI, p. 237.
[2] Cf. Idem ; p. 245.
[3] Idem ; p. 245.

comme nous, l'effet saisissant des lois de 1789 sur la division de jour en jour plus grande de la propriété.

Cependant, quelque divisée qu'elle soit, le nombre de ceux dont les moyens de subsistance sont assurés est toujours très-restreint ; à côté d'eux il y a une foule de gens qui n'ont pour vivre que leur travail, avec ou sans le modeste capital indispensable à certaines professions. Que de, familles dont les ressources dépendent uniquement de la vie et même de la santé de leur chef, c'est-à-dire du hasard ! C'est là une cause nécessaire d'inégalité, de sujétion, de misère. Mais ce mal n'est pas sans remède. L'Etat, et à défaut de l'Etat, l'initiative privée peut opposer le hasard à lui-même. Des associations bien entendues, des tontines, des assurances de toute sorte se formeront sans doute. Le calcul des probabilités fournit des règles sûres ; il ne s'agit que d'en vulgariser les procédés et l'usage. Et là ne s'arrête pas l'efficacité du remède. Jusqu'ici le crédit a été un privilége exclusif de la grande fortune ; il faut qu'on arrive peu à peu à changer ses habitudes, sa routine, et pour ainsi dire son assiette. Et l'on doit y réussir ; car, outre que la propriété mobilière ira se divisant de plus en plus comme la propriété foncière, le calcul n'aura pas de peine à produire, en faveur des simples travailleurs ou des associations ouvrières, des systèmes de garanties et des chiffres éloquents capables de rassurer les capitaux les plus timides. La petite industrie trouvera donc, comme la grande, des bailleurs de fonds, et l'activité humaine ne sera plus, ni dans le commerce, ni dans les arts, ni dans le travail le plus humble, à la merci d'un petit nombre de millionnaires.

Quant à l'inégalité d'instruction, elle existera toujours ; mais elle aura bien vite cessé d'être pour les moins instruits une cause de dépendance, et c'est là tout ce qu'il est raisonnable d'espérer. Quand, par un choix heureux et des connaissances elles-mêmes et des méthodes d'enseigner, on aura appris à la masse entière d'un peuple tout ce que chaque homme a besoin de savoir pour administrer seul ses affaires, pour développer son industrie et ses facultés, pour comprendre ses devoirs et ses droits, pour n'être étranger à aucun sentiment élevé ou délicat ; alors la supériorité des lumières ou des talents de quelques natures privilégiées ne sera plus un danger pour personne ; ce sera au contraire un accroissement du fond commun, et par suite un avantage dont profiteront autant que les autres ceux qui ne le partageront pas[1].

III. Mais nous sommes loin d'avoir aperçu toutes les perspectives que Condorcet nous ménage. Jusqu'ici il ne s'est agi que du progrès des connaissances, des lois, des institutions, de l'organisation sociale, du bien-être, c'est-à-dire du milieu où l'homme doit s'agiter. Le progrès qui s'arrêterait là ne serait qu'un progrès tout extérieur. L'homme serait plus éclairé, mieux logé, mieux vêtu, mieux nourri, mieux administré ; le théâtre de la vie humaine serait embelli, mais l'acteur au fond resterait toujours le même, avec les intempéries de sa nature, l'ardeur de ses passions, le froid de son égoïsme ; avec l'état de guerre perpétuel du cœur et de l'esprit, des sens et de la raison. Condorcet rêve mieux pour l'avenir de notre espèce. Ce ne sont pas seulement les choses de l'homme qui doivent s'améliorer ; c'est l'homme lui-même : l'homme moral sans aucun doute, et peut-être aussi l'homme physique.

Tout le monde convient que les sciences exactes et naturelles ont encore de grands progrès à faire ; mais s'agit-il des sciences morales et même politiques, comme il ne reste plus à détruire d'erreurs grossières ni de vérités fondamentales à établir, il y a des gens disposés à croire qu'elles ont atteint leur apogée et donné tous les résultats importants qu'on en peut attendre. Quoi ! il n'y aurait plus, ni dans nos lois, ni dans nos institutions, ni dans nos mœurs, ni dans notre système d'éducation, rien de sérieux à découvrir, rien à corriger, rien à perfectionner ? Mais nos théories en politique et même en morale ne reposent que sur des idées générales, vagues par conséquent et sans applications précises. Nous ne connaissons guère que par à peu près nos droits et nos devoirs. A tout moment nous hésitons avant de prendre une décision, et nous regrettons ensuite de l'avoir prise ; et cela, parce que nous n'avons, pour nous éclairer

---

[1] Cf. Cond.; tome VI, p. 218-250.

dans nos doutes, ni règle sûre, ni critérium certain. Nous allons au hasard des événements, appliquant approximativement quelque principe général, mais toujours perplexes, dès qu'il se présente à la fois deux principes entre lesquels il faut opter.

Cela n'a rien d'étonnant. Pour mettre de l'ordre dans le nombre infini des combinaisons où entrent le juste et l'utile, le secours du calcul est presque indispensable et jusqu'ici la morale et la politique n'ont pas su l'employer avec fruit, malgré les efforts heureux de quelques géomètres[1]. — Puis la langue des sciences morales est vague et obscure. Ceux qui ont l'esprit cultivé reconnaissent la vérité malgré ce masque qui la déguise ; ils ont d'ailleurs à leur disposition un système de connaissances qui les prémunissent contre l'erreur. Mais l'homme du peuple, qui ne peut donner à son instruction qu'un temps très-limité, pourra-t-il acquérir, conserver les notions les plus simples, si elles sont défigurées par un langage inexact? Nous avons pu juger par les exemples que nous avons eus sous les yeux combien l'équivoque est à craindre en politique et en morale, et aussi combien il est difficile d'y échapper, quand les mots qui ont cours peuvent prêter à des interprétations diverses. Cette langue imparfaite a donc besoin d'être perfectionnée, de devenir précise, rigoureuse, comme celle des sciences exactes, et de plus d'être à la portée de tous[2].

Rassurons-nous : tous ces progrès viendront en leur temps ; les sciences morales et politiques sont loin d'avoir dit leur dernier mot. Nous ne sommes qu'à l'entrée d'une époque nouvelle qui promet d'être féconde en perfectionnements de tout genre, et dont il serait au moins téméraire de préjuger l'impuissance. Tous les progrès ne se tiennent-ils pas par des liens réciproques? Jusqu'ici les mœurs et les lois ont suivi pas à pas l'évolution scientifique et se sont éclairées des lumières de l'esprit. Pourquoi tout à coup le niveau moral et politique cesserait-il de monter avec le niveau intellectuel? Au contraire, il doit maintenant s'élever plus que jamais. Tant que

[1] Cf. Cond.; tome VI, p. 260.
[2] Idem ; p. 261.

les hommes ont été voisins de la barbarie, les mauvais instincts, les préjugés insensés, les passions violentes ont pu résister à la raison avec quelque succès. Mais au point de civilisation où nous sommes parvenus, il ne doit plus en être ainsi.
La raison est entrée peu à peu en possession de ses droits :
on l'écoute aujourd'hui quand elle élève la voix ; on lui obéit
quand elle commande. Si son autorité est encore quelquefois
méconnue, ceux-là même qui la méconnaissent lui rendent
hommage en cherchant à faire croire qu'ils sont d'accord
avec elle. Or, ils n'y réussiront pas, ils n'oseront même pas
l'essayer, quand nous aurons fourni quelques étapes de plus
sur le chemin du progrès.

Condorcet ne se contente pas d'affirmer que les sciences
morales ne doivent pas rester stationnaires ; il trace, dans les
deux fragments qui se rattachent à la dixième Époque, un
programme de perfectionnements dont l'efficacité lui paraît
incontestable. Ce que Bacon osait à peine espérer d'un philosophe, il le propose à une génération entière [1] ; et, en le faisant, il est convaincu qu'il n'excède pas les limites de la pos-
sibilité pratique. Il ne s'agit de rien moins que de créer chez
un peuple une morale publique : c'est une grosse entreprise
assurément ; mais les moyens qu'il indique n'offrent rien que
de sérieux et de réalisable. Donner à l'homme, dès le principe, des mœurs douces et honnêtes ; développer la raison par
la science ; mettre en rapport toutes les intelligences qui
cherchent la vérité ; amender les institutions et les lois de
telle sorte que tout favorise le développement moral et intellectuel : tel est le but où doivent tendre de concert l'éducation, l'instruction et la politique, et qu'un législateur ne peut
perdre de vue, sans s'exposer à faire fausse route. Nous n'en-
trerons pas dans le détail ; aussi bien Condorcet ne fait-il
que reproduire ici ce qu'il a déjà développé, deux ans auparavant, dans ses *Mémoires sur l'instruction publique*. Nous re-
marquerons seulement qu'il ne se fait pas d'illusion sur les
difficultés que doivent rencontrer les réformes qu'il propose.
Elles se feront, il n'en doute point ; mais avec le temps et

[1] Cf. Cond.; tome VI, p. 381.

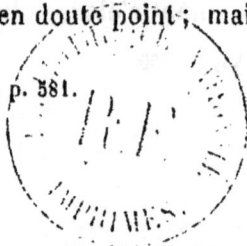

7

par la force des choses. Beaucoup d'obstacles nuiront au progrès de l'instruction ; le plus redoutable viendra de l'opposition qui existe encore et existera quelque temps entre la raison et les mœurs sociales. Tant que le peuple ne sera pas vraiment libre, il ne pourra pas être loyalement ni dûment instruit : les préjugés obscurciront toujours sur quelques points les lumières de la raison. Il ne faut pas s'inquiéter outre mesure de ces difficultés de la première heure : les commencements seront difficiles ; mais, le résultat final étant certain, il sera sage d'attendre patiemment que le progrès fasse naturellement son œuvre, sans précipitation ni secousse violente. A quoi bon heurter de front les préjugés ? Les attaquer, c'est les surexciter, c'est en décupler l'énergie : ce qui est d'autant plus téméraire et dangereux, que la raison n'a point d'armes pour combattre en face la passion, et n'a aucune prise sur le fanatisme. Faire la part du feu, circonscrire l'incendie, le laisser s'éteindre de lui-même faute d'aliment : c'est donc le moyen le plus sûr, si ce n'est pas le seul. Car quoi ? Cherchera-t-on à combattre un enthousiasme par un autre ? Mais cet autre, il faudrait le combattre ensuite : on s'engagerait ainsi dans une suite interminable de difficultés : on oscillerait, on ne progresserait plus. L'instruction d'ailleurs ne saurait se prêter à ces stratagèmes : ne relevant que de la raison, elle ne peut s'adresser qu'à l'esprit. Son but est d'éclairer, et non de catéchiser ; elle doit être vigilante toujours, mais jamais militante. Elle détruira les préjugés à la longue, indirectement, sans chercher à les convaincre, et pour cela, elle n'aura qu'à développer de plus en plus le germe de bon sens que porte en soi tout être humain.

Jusqu'ici nous n'avons supposé à l'homme que les mêmes facultés, la même organisation. Quelle serait donc l'étendue des espérances, si l'on pouvait croire que cette organisation et ces facultés sont, elles aussi, susceptibles de s'améliorer [1]. Il est tout d'abord incontestable que la constitution physique

[1] Cf. Cond.; tome VI, p. 272.

influe sur l'intelligence ; si elle ne paraît pas la modifier, elle agit au moins sur elle en favorisant ou en gênant, suivant qu'elle est bonne ou mauvaise, le déploiement de son activité[1]. Les maladies ont en outre l'inconvénient incomparablement plus grave d'abréger pour la plupart des hommes la durée naturelle de la vie. Or, les maladies ne sont que des accidents, dont il n'est pas impossible de découvrir les causes et d'empêcher les effets. Les observations médicales, quoique mal faites jusqu'ici, ont déjà donné quelques résultats : que sera-ce quand elles seront mieux dirigées[2]? Que sera-ce surtout, quand les progrès de la raison, de l'ordre social et de l'économie publique viendront en aide à la médecine pour combattre ces fléaux qui déciment l'humanité[3]? Les maladies transmissibles ou contagieuses deviendront sans nul doute de plus en plus rares, ainsi que celles qui doivent leur origine aux climats, aux aliments, à la nature des travaux, à la misère et aux excès. Et pourquoi cette espérance ne s'étendrait-elle pas à toute sorte de maladies[4]? Pourquoi la science n'arriverait-elle pas, dans un temps plus ou moins éloigné, à les analyser, à les connaître à fond, et par suite à les guérir ; ou, ce qui vaudrait mieux encore, à les prévenir? Il n'y a dans cet espoir rien de bien chimérique. L'hygiène est une science d'avenir, dont il serait téméraire de vouloir limiter d'avance l'efficacité. Plus on supprimera de ces accidents qui sont des causes de destruction anticipée, plus on prolongera la durée moyenne de la vie. Nous disons supprimer, car la guérison n'est qu'un bien relatif, qu'une atténuation du mal. Un malade guéri ne sera jamais ce qu'il était avant sa maladie. Il n'en mourra pas immédiatement, c'est déjà beaucoup ; mais sa vieillesse sera plus rapidement venue et plus promptement terminée[5]. La médecine préservatrice a donc une tout autre portée que la médecine curative : c'est celle-là qu'il faut avant tout encourager et propager. Quand elle aura été pra-

[1] Cf. Cond.; tome VI, p. 625.
[2] Idem ; p. 273.
[3] Idem ; p. 620.
[4] Idem ; p. 273.
[5] Idem ; p. 620.

tiquée avec succès pendant quelques générations, elle donnera à celles qui viendront ensuite une constitution plus
saine, plus robuste, et en état de résister plus longtemps aux
assauts de la vieillesse et de la mort. « Sans doute l'homme
ne deviendra pas immortel ; mais la distance entre le moment où il commence à vivre et l'époque commune où naturellement, sans maladie, sans accident, il éprouve la difficulté
d'être, ne peut-elle pas s'accroître sans cesse [1] ? » L'exemple des deux montres, que nous trouvons dans le *fragment sur l'Atlantide* [2], exprime parfaitement, quoique sous
forme de comparaison, la pensée de Condorcet sur ce
sujet.

L'hypothèse de l'hérédité le conduit, dans un autre ordre
d'idées, à des aperçus encore plus hardis. En quoi consiste,
se demande-t-il [3], la perfectibilité des facultés humaines ? Les
organes qui les produisent sont-ils eux-mêmes perfectibles
dans leur essence, ou n'y a-t-il que les moyens de les deve-
lopper qui le soient ? S'il n'était question que de la constitution
et des facultés physiques, on pourrait, sans grande hésitation, affirmer la transmission héréditaire [4]. L'observation des
animaux prouve surabondamment que la force, l'agilité, la
beauté des formes, l'aptitude à certaines opérations se transmettent dans les races avec la vie, et peuvent se perfectionner
ou s'amoindrir en passant à travers plusieurs générations.
Or, il n'y a pas de raison de croire que l'homme fasse exception [5]. S'il s'agit au contraire des facultés intellectuelles ou
morales, la question n'est plus aussi simple. Chez les animaux
domestiques il est encore assez facile de constater que ces
facultés, ou ce qui en tient lieu, dépendent presque entièrement
des qualiés physiques et sont « soumises à l'action de la
même cause, dont les effets cependant commencent déjà à se
confondre davantage avec l'éducation [6]. » Mais chez l'homme

[1] Cond.; tome VI, p. 273.
[2] Idem ; p. 622.
[3] Idem ; p. 626.
[4] Cf. Idem ; p. 215.
[5] Cf. Idem ; p. 621.
[6] Idem ; p. 621.

la combinaison des diverses influences est tellement compliquée, qu'on ne peut démêler que d'une manière vague et par
approximation la part d'action qu'il faut attribuer à chacune.
Nous ne pouvons espérer d'obtenir sur ces objets des données
un peu exactes qu'après de nombreuses observations faites
avec précision et suivant un plan bien méthodique, c'est-à-
dire après une longue étude de cette question que la science
n'avait pas encore abordée à l'époque de Condorcet. Aussi
notre philosophe est-il gêné dans l'expression de son opinion.
Quoiqu'il n'ose rien affirmer, il est visiblement séduit par la
perspective des progrès que déroule devant lui cette hypothèse de l'hérédité. Pourquoi les parents ne transmettraient-
ils pas à leurs enfants, avec les traits du visage et le tempérament physique, la tournure d'esprit et le tempérament intellectuel et moral [1] ? Si nous naissons prédestinés à telle ou
telle aptitude corporelle, à telle ou telle maladie, est-il absurde
de penser que nous pouvons avoir aussi une prédisposition na-
tive à certains talents, à certaines vertus, à certains défauts.
Ce n'est là qu'une conjecture, il est vrai, mais une conjecture
qu'autorise l'analogie, l'analyse du développement des facultés humaines, et dont certains faits semblent même prouver la réalité [2]. Condorcet admet donc comme probable, bien
qu'il ne puisse en donner de preuve catégorique, l'augmentation graduelle dans le cours des âges, non-seulement de la
richesse intellectuelle et morale, mais encore de la capacité
intellectuelle et morale des hommes [3]. Il est à remarquer en
outre qu'il fait toujours aller de front ces deux facultés,
comme inséparables, comme dépendant l'une de l'autre : le
vrai et le bien se confondent sans cesse dans sa conception
du progrès à tous les degrés. C'est lorsque l'homme sera délivré par la science des préjugés qui égarent à la fois son esprit et son cœur, qu'il sera vraiment moral ; qu'il deviendra
si foncièrement vertueux, que la vertu ne lui coûtera plus
d'efforts. « Qui sait s'il n'arrivera pas un temps où nos inté-

---

[1] Cf. Ribot ; Thèse sur l'hérédité, p. 536. — Cf. Renouvier ; 4º essai,
pages 29 et 30, 79, 87, et passim.
[2] Cf. Cond.; tome VI, p. 275.
[3] Cf. Flint (F.), p. 113.

rêts et nos passions n'auront sur les jugements qui dirigent la volonté pas plus d'influence, que nous ne les voyons en avoir aujourd'hui sur nos opinions scientifiques [1] ? » Au-delà de cette espérance il ne semble point y en avoir d'autre qu'un esprit sérieux puisse concevoir.

[1] Cond : vi, 628.

TROISIÈME PARTIE

Examen critique.

I

Après cette longe excursion, trop longue peut-être, à travers les dix Époques, il est temps de présenter dans une vue d'ensemble et d'apprécier la théorie de Condorcet sur le progrès.

L'humanité est perfectible : elle le prouve en progressant, comme Diogène en marchant prouvait le mouvement. Si l'on étudie la marche du progrès, en tenant compte des circonstances qui l'ont favorisée ou contrariée, on trouve la mesure de la perfectibilité. C'est ce que fait Condorcet. Sans s'occuper de ce qu'ont dit ses devanciers, sans perdre le temps en subtilités sur le vrai sens du mot progrès, comme certains philosophes de nos jours, il s'engage de prime saut dans l'histoire et interroge les faits. Au lieu d'étudier l'un après l'autre les différents facteurs du progrès et d'arriver ainsi, par une série d'inductions parallèles, à une conclusion collective et toujours contestable, puisqu'elle ne reposerait que sur une énumération pouvant être incomplète, il prend tous ensemble, et pour ainsi dire en bloc, ces éléments divers, connus ou inconnus ; et, après une longue période d'événements et de péripéties historiques, il établit, avec une sûreté beaucoup plus grande, le résultat général de la totalité des causes et des effets. En procédant ainsi il n'a pas de peine à démontrer

d'abord que le genre humain est dans un état constant de développement; qu'il a progressé sans cesse depuis qu'il existe,
mais plus ou moins vite, selon qu'il a eu à surmonter des
obstacles plus ou moins nombreux ou résistants ; que la civilisation relativement avancée dont nous jouissons aujourd'hui
n'est que la somme des progrès déjà faits, et peut être comparée à un capital représentant l'héritage que nous a légué
le passé. Si de cette vue générale il descend ensuite à l'analyse, il lui est facile de démontrer aussi que les arts et les
sciences, que les institutions et les lois, que nos facultés intellectuelles et morales, dans leurs procédés tout au moins,
sinon dans leur essence, se sont perfectionnées sans cesse.
Nos conceptions se sont de plus en plus élevées, idéalisées ;
tous les objets de nos pensées et de nos sentiments ont progressé ; nos dieux se sont civilisés comme nous et avec nous[1] :
d'un autre côté nos vices ont perdu peu à peu leur grossièreté
primitive. La guerre elle-même a progressé: que dire de plus ?
De destructive elle est devenue conquérante ; de conquérante,
civilisatrice. Comment montrer d'une manière plus saisis-
sante que le progrès est général, s'étend à tout, pénètre tout;
qu'il atténue même les maux, quand il n'a pas pu les détruire
encore?

Cela étant, n'est-il pas permis de le regarder comme une
loi de l'humanité? S'il est admis sans conteste que les phénomènes de la nature physique sont réglés par des lois connues
ou inconnues, pourquoi la force mystérieuse qui pousse le
genre humain vers le mieux ne serait-elle pas une loi au même
titre ? Objectera-t-on que le libre arbitre est une cause permanente d'irrégularité, de désordre même, si l'on veut? Mais
cette cause est un élément que Condorcet comprend dans la
totalité des facteurs du progrès. Il ne s'est pas attaché à signaler le développement de telle ou telle faculté prise à part ;
il a étudié l'homme complexe avec ses énergies multiples,
avec sa constitution morale tout entière, y compris la volonté;
et c'est par le résultat qu'a donné dans le cours des siècles ce
jeu compliqué de tant de facultés diverses, qu'il constate

[1] Cf. Emm. des Essarts ; l'Hercule grec.

l'existence de la loi. On aurait tort d'ailleurs d'exagérer la
portée de la liberté humaine. Les prétendus désordres qu'elle
occasionne dans la marche des événements ne nous paraissent si importants, que parce que nous les voyons de trop
près. Si le champ de nos observations était plus vaste, si
l'histoire remontait assez haut dans les temps pour nous per-
mettre d'embrasser une durée cent fois, mille fois plus grande,
ces irrégularités ne sembleraient plus, vues de loin, que ce
qu'elles sont en réalité, c'est-à-dire presque insignifiantes[1].
Il y a plus : la liberté ne peut donner lieu au désordre qu'autant que la passion prévaut sur la raison ; or, en se civilisant,
l'homme s'habitue peu à peu à réfléchir avant de vouloir.
Aussi Condorcet, quand il énumère les causes qui peuvent le
plus contribuer à l'avancement du progrès, compte-t-il précisément l'initiative humaine, c'est-à-dire la volonté, comme
capable d'en accélérer la marche et même d'en assurer la régularité ; et il n'a pas tort évidemment. C'est aussi l'avis de
M. Renouvier : « La liberté, initiatrice première et constante,
m'est apparue comme... le grand agent de l'histoire ac-
complie et des progrès... attendus dans l'avenir[2]. » Kant
aussi, bien qu'il ne pense pas que l'humanité ait assez vécu
pour deviner où elle va, reconnaît pourtant que nous pouvons par le sage emploi de notre raison hâter l'avènement
des destinées meilleures que la nature réserve à nos descendants[3]. Mais à quoi bon insister ? cette opinion est généralement acceptée.

Étant admis que le progrès est une loi de l'humanité, il
n'est donc pas téméraire d'affirmer que ce qui s'est produit
dans le passé doit continuer dans l'avenir. C'est une conséquence si naturelle, qu'il est permis de s'étonner que les précurseurs de Condorcet lui aient laissé la gloire de l'exposer
le premier. Il est loin d'ailleurs de s'en prévaloir. Ce qu'il fait
méthodiquement, tout le monde le fait instinctivement dans
la vie ordinaire. Régler sa conduite sur l'expérience ; croire
que les effets des mêmes causes seront demain ce qu'ils

[1] Cf. Kant ; Idée d'une hist. univ.; introduction.
[2] 4ᵉ Essai, p. 135.
[3] Voir Littré ; Aug. Comte, p. 63.

étaient hier ; n'est-ce pas là une sagesse à la portée de tous[1] ?
Le progrès commencé doit donc continuer et continuer indéfiniment : car pourquoi ne serait-il pas indéfini ? M. Bouillier
lui-même ne raisonne pas autrement[2]. Il est vrai qu'il ne
parle que du progrès intellectuel, mais cela suffit pour le moment. C'est qu'en effet les lois de la nature ne peuvent ni
s'abroger, ni tomber en désuétude, comme les lois humaines.
Pour que la loi du progrès cessât, nous ne disons pas d'exister, ce qui n'aurait pas de sens, mais d'être effective, il faudrait qu'il surgît des obstacles inouïs, tout à fait insurmonta-
bles, et en dehors de toute prévision. Jusqu'ici les obstacles
n'ont pas manqué : c'est à tel point qu'on doit s'étonner, non
pas que les hommes aient fait peu de progrès, mais qu'ils
aient pu en faire : cependant tous ces obstacles ont été sur-
montés, même les plus redoutables. L'avenir en tiendrait-il
en réserve de plus formidables encore ? C'est une supposi-
tion que rien n'autorise. Condorcet a cherché ceux qui pourraient se présenter, et il n'en a pas trouvé de réellement sérieux. Fussent-ils sérieux, qu'ils seraient vaincus comme les
autres, car la force du progrès, augmentant sans-cesse (*vi-
res acquirit eundo*), doit devenir de plus en plus irrésistible.
Jusqu'à ces derniers siècles le progrès a été inconscient et,
de plus, contrarié presque toujours par l'influence du milieu
et de l'éducation[3] ; cependant, grâce à son énergie propre,
il a pu suivre son cours en dépit des difficultés. Que sera-ce
quand les hommes, pour avancer, ne seront plus obligés de
commencer par oublier ce qu'ils ont appris dans l'enfance et
ce qu'ils voient autour d'eux[4] ? Que sera-ce, quand l'initiative de l'individu et de l'Etat augmentera encore, en la sti-
mulant sans cesse, cette force naturelle qui nous pousse vers
le mieux, et lui donnera une direction voulue et calculée ?
Pour se faire une idée de ce que peut la volonté, il suffit de
jeter les yeux sur l'histoire de la Révolution française. Quelle
distance franchie et quels merveilleux résultats obtenus en

[1] Cf. Cond. tome VI, p. 236.
[2] Cf. Morale et Progrès, p. 35.
[3] Cf. Vacherot ; Religion, p. 246 et 247.
[4] Idem, p. 461.

quelques années ! De quoi la volonté n'est-elle pas capable, si la raison conduit, si la lutte surexcite son activité ?

L'on aurait tort de croire pourtant que c'est par secousses violentes, par soubresauts fébriles que se fera le progrès. Son allure doit être régulière, et d'une sage lenteur. Un idéal ne se réalise pas tout d'un coup. Uue société nouvelle s'obtient, non par la transformation brusque, mais par le perfectionnement graduel de la société précédente : l'histoire est là pour le prouver. C'est une vérité que n'ont cessé de répéter les vrais amis du progrès, depuis Turgot et Condorcet jusqu'à M. Renouvier [1], et qu'il est bon de répéter encore plus que jamais. A quoi ont abouti, à toutes les époques, les réformateurs impatients qui n'ont pas voulu laisser à la liberté le temps de faire son œuvre? Ils sont tombés dans les pratiques autoritaires ; ils ont cherché à imposer le progrès par la force et ont échoué misérablement, laissant la place libre à la réaction, qui ne s'est pas fait faute d'imiter leurs violences. D'ailleurs, toute marche forcée fatigue et demande un temps d'arrêt. Condorcet était pénétré de ces vérités : tous ses écrits en font foi. Si, avant la Révolution, il manifeste, comme tous les hommes sérieux d'alors, une certaine impatience, c'est qu'il sent l'urgence des réformes à faire. « Si le peuple, » écrit-il à Turgot, à la date du 23 décembre 1770, « avait du pain et des juges qui fissent leur métier gratis, on pourrait se consoler du reste et attendre avec patience la chute infaillible de la superstition et de tout ce qu'elle produit et protège [2]. » Mais dès que le gros obstacle a été écarté et que les choses de la civilisation ont repris leur cours normal, nous le trouvons résigné à une longue attente de la liberté universelle : « Ce beau jour, » écrit-il à Priestley, le 30 juillet 1791, « luira pour nos descendants ; mais du moins, nous en aurons vu l'aurore et goûté l'espérance [3] ». C'est toujours la même conviction ; mais le programme du philosophe a remplacé celui du politique.

Cependant, s'il ne court pas en aveugle, comme certains

[1] 4° Essai, p. 107-111.
[2] Cond : Tome Ier, p. 177.
[3] Idem ; p. 333.

de ses contemporains, après des résultats immédiats, qu'il sait impossibles, il n'en est pas moins persuadé qu'il ne faut rien négliger pour les préparer. Le temps fera son œuvre, c'est indubitable ; mais il la fera incomparablement plus vite, si l'initiative humaine lui en facilite les moyens. Et comment ? dira-t-on. Les facteurs du progrès sont si multiples, qu'à première vue on les distingue à peine et qu'on ne saurait dire ce qu'il y a à faire, ni par où il faut commencer. L'embarras qu'on éprouve ressemble assez à celui d'un spectateur inexpérimenté en face d'une machine compliquée, dont il voit les effets sans pouvoir en démêler les causes. Pourtant, quel que soit le nombre des rouages qui contribuent au fonctionnement du mécanisme, il y a toujours un moteur principal. De même, parmi les éléments du progrès, il y en a un auquel sont subordonnés tous les autres, qui leur donne l'impulsion, dont la marche, lente ou rapide, ralentit ou accélère la marche générale : c'est la science. Il n'est pas besoin d'observer longtemps le cours du développement des facultés humaines pour s'en convaincre. Si Condorcet n'a pas le mérite d'avoir fait le premier cette facile découverte, il a du moins celui d'avoir expliqué avec une précision remarquable l'enchaînement et la filiation des influences qui font aboutir le progrès.

Le progrès de la philosophie, c'est-à-dire de la science par excellence, entraîne celui des sciences proprement dites, qui n'en sont que des dépendances ou des applications spéciales. Puis les mœurs et les arts, qui exercent d'ailleurs les unes sur les autres une action réciproque, suivent, avec les études spéculatives de la politique, l'évolution des sciences. Puis tous ces progrès partiels agissent ensemble sur l'opinion publique, laquelle à son tour pèse d'un poids considérable sur ceux qui font les lois et sur ceux qui en surveillent l'exécution. Pour hâter le progrès il faut donc travailler à l'avancement et à la propagation de la science, mais surtout à sa propagation ; car elle aurait beau avancer, si elle restait le monopole de quelques savants, il n'en résulterait aucun bien général ; il pourrait même arriver, comme cela s'est vu, qu'elle devînt un obstacle au développement des intelligences. Aussi Condorcet veut-il avant tout répandre la science et la populari-

ser : c'est ce qui lui paraît le plus urgent. Quand une fois on
aura élevé le niveau du bon sens et de la moralité publique,
tous les maux qu'enfante l'ignorance disparaîtront les uns
après les autres ; le progrès suivra librement son cours naturel, et la science, affranchie de ses entraves, avancera
d'elle-même avec une rapidité toujours croissante, par le seul
fait de la force d'expansion qu'elle possède. Ainsi se produi-
ront assez vite et sans secousse les trois grands résultats que
notre philosophe attend de l'avenir : la destruction de l'inégalité entre les nations ; le progrès de l'égalité dans un
même peuple ; enfin le perfectionnement réel de l'homme.

L'instruction est donc, en dernière analyse, la principale
ouvrière du progrès. S'il était nécessaire de montrer combien
Condorcet a été conséquent, ce serait le moment d'énumérer
et d'apprécier ses travaux, comme publiciste et comme législateur, en faveur de l'instruction publique. Mais à quoi
bon ? tout le monde est d'accord sur ce point. Un mot suf-
fira : ce que la Convention a créé en 1794 et en 1795 ; ce qu'il
y a de bon dans l'organisation de la nouvelle Université ; ce
que le gouvernement de Juillet a fait pour l'enseignement
primaire ; ce que le temps a depuis apporté de modifications
heureuses aux institutions déjà existantes : tout cela, Condorcet l'avait, au nom du comité d'instruction publique, dont
il était l'âme, proposé à l'Assemblée Législative dans son
Rapport et projet de décret d'avril 1792 ; il avait même aupa-
vant publié, en son propre nom, dans la Bibliothèque de
l'homme public [1], cinq *Mémoires* qui contiennent un plan
d'instruction publique plus complet, plus original, plus démocratique encore. Depuis quelques années que n'a-t-on
point fait pour le développement des écoles de tous les dé-
grès et en France et à l'étranger ? Eh bien, malgré tous ces
efforts, l'on n'est encore allé nulle part au-delà de ce que
demandait Condorcet ; l'on a même presque partout des
progrès nouveaux à faire avant d'arriver à un programme
qui soit l'équivalent du sien. Ce qu'on pourrait surtout lui
emprunter avec profit, c'est la distinction lumineuse qu'il a,

---

[1] Seconde année ; tomes I, II, III et IX.

seul jusqu'ici, nettement établie entre l'œuvre de l'instruction et celle de l'éducation ; c'est aussi l'art délicat, les moyens ingénieux et féconds qu'il voulait employer pour faire aller de front, et pour ainsi dire de conserve, la culture du cœur et celle de l'esprit.

II

Comme on le voit, la méthode de Condorcet est des plus simples. En prenant collectivement tous les facteurs du progrès, il peut, en présence du résultat total, affirmer avec assurance le progrès accompli comme un fait, et le progrès futur comme une conséquence forcée. D'un autre côté, observant qu'il y a, dans tout le cours de l'histoire, un rapport constant entre l'état de la science et celui du progrès général ; que l'avancement de l'une coïncide sans cesse avec l'avancement de l'autre, il arrive sans effort à cette conclusion, que le progrès, sous quelque forme qu'il se manifeste, peut être ramené toujours au progrès scientifique ou intellectuel.

Quoique le progrès paraisse en contradiction avec le spectacle habituel de la vie, où nous voyons tout décliner et mourir ; quoique chaque homme en vieillissant se plaise à vanter *le bon vieux temps*, c'est-à-dire l'époque où il était lui-même plus jeune et plus fort, et que son imagination embellit et transforme au gré de ses regrets ; cependant le nombre des philosophes qui nient le progrès d'une manière absolue est allé diminuant de plus en plus. C'est à peine si notre génération en a produit un ou deux qui méritent d'être cités ; encore faut-il aller les chercher sous le ciel brumeux de l'Allemagne. Mais presque tous ceux qui ont, depuis Condorcet, abordé la question du progrès, l'ont divisée pour l'étudier. Ils ne parlent plus, comme lui, d'un progrès unique s'étendant à la fois à toutes les manifestations de l'activité humaine, mais d'un progrès scientifique, d'un progrès moral, d'un progrès politique et social, d'un progrès artistique, qu'ils regardent comme distincts e presque indépendants les uns des autres. Voyons ou nous conduira cette étude détaillée de la question.

Commençons par le progrès scientifique ou intellectuel, qui, selon Cordocet, engendre tous les autres. C'est le plus ancien dont les hommes aient eu conscience : Aristote, Sénèque, Pline en ont parlé [1]. Aujourd'hui il n'est contesté par personne, si ce n'est par ceux qui visent au paradoxe. « On a même remarqué qu'il suit une accélération constante mathématiquement déterminable. On a montré que dans cet ordre de phénomènes, les progrès doivent être considérés, non pas comme des nombres qui s'ajoutent, mais comme des nombres qui se multiplient..... La rapidité de sa marche croît en raison de l'espace parcouru. Cette marche est si régulière, et la loi des vitesses si rigoureuse, qu'on peut arriver à la formule précise des résultats obtenus ou espérés. » M. Caro, à qui nous empruntons ces lignes [2], se serait proposé de commenter Condorcet, qu'il ne se fût pas exprimé autrement.

Ce progrès ne va pas seul : il entraine avec lui le progrès industriel et le progrès économique, le progrès politique et le progrès social : ce qui revient à dire que le sort de l'homme s'améliore à mesure que les sciences se développent. Oui, quel que soit leur objet : qu'elles se proposent d'asservir à notre profit les forces de la nature, ou qu'elles étudient les lois de l'univers ; qu'elles nous instruisent par l'exemple du passé, ou qu'elles nous fassent connaître notre globe ; qu'elles expliquent le jeu compliqué des faits économiques, ou les principes de l'organisation sociale ; qu'elles nous apprennent à raisonner, ou à calculer ; qu'elles élargissent notre horizon, ou qu'elles élèvent notre idéal ; qu'elles s'adressent au cœur, ou à l'esprit : toutes elles contribuent plus ou moins directement à rendre la vie plus douce, les mœurs plus humaines, les lois plus équitables, les institutions moins imparfaites : c'est ce que personne n'oserait nier.

Jusqu'ici l'accord est à peu près unanime ; mais s'agit-il du progrès moral, aussitôt se produit une divergence d'opinions ;

[1] Voir F. Bouillier ; Mor. et Prog. page 41.
[2] Revue des deux mondes, 1er novembre 1873.

qui n'a rien d'étonnant, c'est là un problème si complexe.
On se demande ce qu'il faut entendre par progrès moral, et
quel est le criterium qui le constate. Tous les éléments moraux sont-ils perfectibles ; sinon, quels sont ceux qui peuvent
progresser ? Ce progrès est-il individuel, ou les qualités morales sont-elles transmissibles ? et, si elles le sont, comment
se transmettent-elles ? Est-ce par voie d'hérédité ou d'éducation? Est-ce par l'effet de la solidarité, ou de notre tendance naturelle à l'imitation ? Est-ce par influence du milieu,
par contagion de l'exemple? Autant de questions subtiles, auxquelles il serait trop long de répondre en détail et directement.
Mieux vaut examiner les objections des philosophes contemporains qui contestent le progrès moral. — M. Bouillier commence par établir que, théoriquement, la morale est une
science qui, comme toutes les autres sciences, émane de l'intelligence et participe à la nature progressive des faits intel-
lectuels ; mais que, considérée au point de vue pratique, la
morale dépend au contraire de la volonté de chaque individu,
et qu'elle n'est susceptible que d'un progrès solitaire au sein
même de l'agent moral [1]. Il dit fort bien « qu'obéir à sa conscience est la règle suprême de la moralité pratique [2] ; » mais
il avoue que la conscience peut être mal éclairée [3]; il convient que, si nous ne valons pas mieux, nous agissons mieux
que nos pères [4]; il reconnaît le pouvoir *effrayant*, suivant
l'expression de M. Stuart Mill, de l'éducation, des leçons, des
exemples de la famille [5], l'instinct puissant de l'imitation, et
il invoque à l'appui l'autorité de Malebranche qui « décrit
l'empire des imaginations fortes sur celles qui sont faibles, la
force d'impression des parents sur les enfants, force si grande
qu'elle agit non-seulement sur leur imagination, mais aussi
sur certaines parties de leur corps [6]; » il va jusqu'à faire cette
question assez compromettante pour sa thèse : « Qui peut
dire ce qu'il aurait été, ce qu'il aurait pensé, ce qu'il aurait

[1] Mor. et Prog : p. 47.
[2] Page 91.
[3] Page 48 et passim.
[4] Page 319.
[5] Page 301, note.
[6] Pages 166 et 167

fait, si, au lieu de vivre en France au XIXᵉ siècle, il avait vécu
en tel ou tel autre temps, ou tel autre lieu du monde ? etc[1]. »
Ce sont là des concessions sérieuses ; cependant il n'en
conclut pas moins que « l'élément moral n'est nullement perfectible, sinon dans l'individu[2]. » Après tout il a raison, si par
élément moral il faut entendre le mérite, ou, pour mieux dire,
le *sacrifice*. On peut même ajouter avec lui que les facilités
de bien faire qui nous viennent du dehors diminuent d'autant
la vertu[3] : c'est affaire de mots. Mais, même au point de
vue où il se place, peut-on dire, sans tomber dans une exagération paradoxale : « l'obligation de n'agir qu'en vue du
bien exige *partout et toujours* les mêmes sacrifices et les mêmes
efforts ; la valeur morale doit se mesurer *uniquement* sur le
degré de ces sacrifices et de ces efforts, sans nul avantage,
ce qui serait l'iniquité suprême pour les derniers venus[4]. »

M. Paul Janet, dans sa *Morale*, a réfuté la théorie de
M. Bouillier. Nous regrettons de ne pouvoir citer en entier le
chapitre consacré au progrès moral. — Y a-t-il, peut-il y
avoir, se demande M. Janet[5], un progrès dans la moralité ?
Oui sans doute : les idées s'éclairent, les mœurs s'adoucissent,
les institutions se perfectionnent, les lois deviennent meilleures
et plus équitables ; en un mot la civilisation progresse,
M. Bouillier lui-même en convient. Mais y a-t-il progrès de
la moralité dans le sens strict du mot : Y a-t-il, peut-il y
avoir progrès dans la vertu en général ? Non, répond
M. Bouillier, qui pose en principe que les conditions du progrès moral dépendent de la volonté seule et non de l'intelligence[6]. Oui, dit M. Janet, qui pose ce principe tout différent
que la moralité ne consiste pas seulement dans un acte de
libre arbitre, mais dans un rapport composé de connaissance et de volonté[7]. Si le libre arbitre est le ressort de la
moralité, la conscience morale ou le discernement du bien et

[1] Morale et Progrès, page 321.
[2] Page 326.
[3] Page 109.
[4] Page 65.
[5] Janet ; Morale, p. 526.
[6] Bouillier ; Mor. et Prog., p. 39.
[7] Janet ; p. 528.

du mal en est la condition. Tout le monde reconnaît que,
pour être admis à la qualité d'agent moral, il faut avoir la
conscience de ses actes, le discernement de leur valeur morale : un enfant ne devient agent moral qu'à l'âge ou la raison commence, et dans la proportion de cette raison même ;...
à mesure qu'il s'éclaire, il devient plus capable de vertu.
Ainsi, dans l'individu, on ne niera pas que la vertu ne soit
susceptible de progrès. Pourquoi n'en serait-il pas de même
dans l'humanité? Le sauvage devient plus moral en se civilisant ; et, dans une même société, les classes moins éclairées
sont, par rapport à celles qui le sont davantage, comme les
peuples primitifs par rapport aux peuples civilisés. Donc le
progrès moral est partout : dans l'individu, dans une société,
dans l'humanité. Tout ce qui tend à éclairer la conscience des
hommes ou à augmenter le nombre de ceux qui sont éclairés
tend à augmenter la moralité humaine en général. C'est un
criterium certain. — Mais le développement des lumières
amène des vices nouveaux aussi bien que des vertus nouvelles, et l'on peut se demander si le mal ne compense pas le
bien. Ce problème n'est autre chose que le problème du mal
en général. Etant libre, l'homme peut choisir. Faut-il envier
le sort des bêtes qui ne peuvent faire ni le mal ni le bien. —
Considérons en outre la question par un autre côté. Il semble
à certains moralistes que la vertu ne soit qu'une contrainte,
une lutte contre les penchants ; d'où il suivrait que la société,
en diminuant la nécessité de cette contrainte, en la rendant
inutile par une bonne éducation, par de bonnes habitudes, de
bonnes lois, des idées saines, bien loin d'augmenter la moralité, la diminuerait d'autant. La vertu n'aurait de valeur
qu'autant qu'elle serait difficile : rendez-la naturelle et
aisée, vous la détruisez. M. Janet n'a pas de peine à montrer
par des exemples frappants combien cette théorie est contraire au sentiment commun. La valeur d'un acte n'est pas
toujours en proportion de la difficulté vaincue. Si la morale
nous enseigne avec raison à faire plier nos penchants devant
le devoir, lorsqu'ils sont en contradiction avec lui, elle ne
nous défend pas de mettre nos penchants d'accord avec le devoir. Qu'est-ce que l'éducation, si ce n'est cela? Que fait

maintenant une société qui s'améliore ? Elle habitue peu à peu tous ses membres à trouver leur bonheur dans la pratique du bien. Entendre autrement le progrès moral est une opinion toute scolastique qui n'a aucune application dans le monde de la réalité. Craindrait-on que le progrès ne réduisît la vertu à une habitude acquise? On peut se rassurer : la civilisation, en supprimant certaines tentations, en crée malheureusement de nouvelles ; en perfectionnant la nature humaine, elle suscite de nouveaux scrupules et soulève de nouveaux problèmes ; en multipliant les relations et les affaires, elle suggère de nouvelles occasions de mal et de nouvelles luttes pour le bien. Quel que soit le progrès des institutions, des lumières et des mœurs, la vertu trouvera toujours matière à s'exercer, le libre arbitre aura toujours sa large part de responsabilité [1].

Un philosophe anglais, M. Thomas Buclke [2], est encore plus absolu que M. Bouillier dans la négation du progrès moral. Pour lui, le seul agent du progrès, c'est l'intelligence : la moralité n'y est pour rien. Les vérités de l'ordre moral, étant invariables, ne peuvent agir sur l'élément mobile et progressif de l'histoire. Tandis que les vérités intellectuelles sont dans un mouvement perpétuel, qui est le signe même et la condition du progrès, le fonds de morale sur lequel vit le genre humain depuis des milliers d'années se réduit à quelques préceptes toujours les mêmes : la doctrine est stationnaire. C'est à tort que nous attribuons à des influences morales les progrès obtenus dans la sphère des faits sociaux : ils sont dus uniquement à des causes intellectuelles, la science et la discussion. D'ailleurs le sentiment moral agit sur l'individu, mais n'exerce aucune action sur la société : donc il n'y a pas de progrès moral, puisqu'il n'y a de progrès que là où se produit une action collective. — M. Caro, à qui nous empruntons les éléments de cet exposé, a vivement combattu les principes et la conclusion du philosophe anglais [3]. Il reproche d'abord à M. Buckle de prendre

[1] Cf. Janet : pages 526-541.
[2] Hist. de la civilisation en Angleterre, chap. 1-6.
[3] Revue des deux mondes, 1er nov. 1873.

le mot *morale* dans toute son étendue, sans distinguer le sentiment, la doctrine, la vertu, la moralité publique ou privée,
et d'affirmer de tout cela d'une manière générale qu'il n'y a
point de progrès. Cependant parmi ces éléments moraux il y
en a qui progressent, c'est incontestable pour tout le monde.
Ceux mêmes qui semblent immuables, ne le sont pas d'une
manière absolue. Est-il bien vrai, par exemple, que la vertu,
bien qu'elle soit l'œuvre toute personnelle d'une bonne conscience, reste à peu près identique à travers toutes les générations? En supposant que la quantité ne varie pas, la qualité est-elle toujours la même? Proposer à l'humanité un nouvel idéal, créer de nouvelles formes, des formes supérieures
de vertu, n'est-ce pas introduire un progrès même dans cette
sphère réservée des consciences? Pour M. Caro, comme pour
M. Janet, comme pour la très-grande majorité des moralistes, la vertu est d'autant plus la vertu, qu'elle est moins un
instinct, c'est-à-dire qu'elle est plus éclairée, qu'elle connaît
mieux son but et ses forces. Et s'il s'agit, non plus du domaine intérieur de la conscience, mais de la moralité extérieure de nos actes, le progrès est encore plus évident, plus
palpable : la statistique permet de le calculer. — Oui, dit
M. Buckle, l'on est moins criminel ; mais cela tient à ce que
les lumières se sont répandues, à ce que les lois sont mieux
faites et mieux exécutées ; cela ne prouve pas qu'on soit plus
vertueux. — Quelle qu'en soit la raison, répond M. Caro, il y
a là un élément de variations et de progrès qui réagit à son
tour sur les mœurs en supprimant une partie des mauvais
exemples et des contagions scélérates, et qui, effet lui-même
de causes multiples, devient cause à son tour en produisant
un perfectionnement dans les habitudes et les sentiments
d'un peuple. — M. Buckle prétend en outre que les vérités
morales ont été fixées une fois pour toutes. Est-ce exact? Les
doctrines morales n'ont-elles pas au contraires suivi à travers
les âges et les pays une évolution continue? Et même, arri-
vât-on à démontrer qu'il y a, comme il a été dit quelquefois, plus
qu'une analogie de nom entre Menou, Menès, Minos et Moïse;
parvint-on à établir, à force de subtilité, que la morale du
Pentateuque est identique à celle de l'Evangile ; prouvât-on

par des rapprochements ingénieux qu'il n'apparaît nulle part
dans le cours de l'histoire une vérité morale absolument
neuve, comme le veut M. Buckle : il n'en resterait pas moins
vrai que chacune de ces vérités prétendues immuables et définitivement formulées depuis des siècles peut, interprétée,
commentée par les hommes et les événements, produire tout
un monde de conséquences inattendues. On a, par exemple,
conçu le droit de très-bonne heure dans le monde ; mais
combien a-t-il fallu de siècles pour en révéler les applications ? Si nous avons aujourd'hui l'égalité devant la loi et la
liberté de conscience ; si les priviléges du vieux temps ont
disparu ; si les populations ne sont plus exploitées par les
seigneurs, par le clergé, par le roi ; si les combats en champ
clos, les procédures secrètes, les pénalités arbitraires, la question, la torture, les supplices raffinés ont été remplacés par
des instructions régulières et des pénalités mesurées : quoi
qu'en dise M. Buckle, ce n'est pas là l'œuvre de la science
seule. Pour découvrir ces applications du droit et les faire
passer dans les faits, il a fallu un vif amour de l'humanité,
un sentiment sincère de ce qu'elle vaut et de ce qu'on lui
doit. La raison seule n'aurait pas suffi à cette tâche[1].

Il est fait quelquefois au progrès moral une autre objection, qu'on est tout d'abord porté à considérer comme très-
grave, parce qu'elle flatte le penchant naturel que nous
avons à vanter les mœurs d'autrefois, mais qui cesse de paraître aussi sérieuse dès qu'on réfléchit que c'est un lieu commun de tous les temps. On dit : le bien-être croissant que
nous devons au progrès de la civilisation énerve et corrompt ;
l'amour du luxe augmente dans des proportions effrayantes
au détriment de la moralité. Mais le vieux Caton s'en plai-
gnait déjà, et il y a tout lieu de croire qu'il ne faisait que répéter ce que d'autres avaient dit longtemps avant lui. « Ce
serait à croire qu'à chaque époque, comme le remarque un
écrivain déjà cité[2], le mal a atteint les dernières limites pos-
sibles, et que la corruption du temps à venir ne peut plus

[1] M. Caro ; article cité, passim.
[2] Bouillier, p. 75. — Cf. Condorcet, discours de réception à l'Acad.
ranç. tome I, p. 391.

rien ajouter à la corruption du temps présent. » Sénèque a
répondu d'avance à toutes nos déclamations sur ce sujet :
« Tu te trompes, si tu t'imagines, » écrit-il à Lucilius, « que
le luxe et la mollesse, que le relâchement moral et toutes ces
autres choses que chacun reproche au temps où il vit, sont
particulières à notre siècle. C'est le fait de la nature humaine
et non de telle ou telle époque [1]. » M. Baudrillart, dans un
article assez récent de la Revue des deux mondes [2], déplore à
son tour le progrès que le luxe a fait chez nous depuis quelque temps. Il s'empresse de dire qu'on ne trouve rien aujour-
d'hui qui rappelle, même de loin, les folies luxueuses de la
Rome impériale, ni même de la cour de France sous certains
rois. Il y a, à son avis, une amélioration incontestable. La
noblesse est plus rangée ; et, si la bourgeoisie se plaît encore
trop souvent à étaler, par vanité et par esprit d'imitation, un
luxe qui n'est pas toujours du meilleur aloi, on peut s'en
consoler en songeant que nulle part le travail et l'économie
ne sont plus complètement et plus dignement représentés.
Mais ce qui effraie M. Baudrillart, c'est que l'amour du con-
fortable, des plaisirs, des consommations superflues et dan-
gereuses se répand de plus en plus dans le peuple, et que la
moralité baisse à mesure que ce mauvais luxe se développe.
La classe ouvrière, on ne saurait le nier, a, surtout dans les
grandes villes, des habitudes déplorables : les hommes sont
intempérants, abusent du tabac et des liqueurs alcooliques,
fréquentent les cafés-concerts et d'autres lieux encore plus mauvais ; les femmes poussent la vanité et la coquetterie quelquefois jusqu'au vice. Ce n'est pas général, dit-on ; tant mieux :
mais la fréquence de l'inconduite n'en est pas moins certaine.
— Le mal est-il aussi grand que se l'imagine le savant économiste ? Nous ne le croyons pas ; est-il sans remède, comme
il semble le craindre ? Nous le croyons encore moins. Ne faudrait-il pas, insinue-t-il, s'en prendre à la hausse trop rapide
des salaires ? C'est possible ; mais, en tout cas, ce ne peut
être là qu'une cause occasionnelle : pour trouver la vraie
cause, il faut certainement chercher ailleurs. Ce n'est pas

[1] Sénèque, lettre 97, cité par Bouillier, p. 73.
[2] 1er oct. 1873.

d'aujourd'hui que le peuple aime les plaisirs. Si ses goûts ne
sont pas aussi simples, aussi innocents qu'autrefois, ne faut-
il en accuser que lui? Les classes inférieures s'efforcent, dit
M. Baudrillart, d'imiter les hautes classes par esprit d'égalité. Or, ceux qui devaient le bon exemple au peuple le lui
ont-ils toujours donné? D'un autre côté, l'a-t-on suffisamment armé contre les tentations? L'a-t-on assez instruit? A-
t-on cherché à faire sentir aux parents l'importance capitale
de l'éducation? A-t-on rendu populaire la science économique, qui pourrait presque à elle seule, en inspirant le goût
de l'épargne et en donnant les moyens d'arriver peu à peu
au capital, moraliser les aspirations du prolétaire vers le
bien-être ? « Il est facile de dire aux prolétaires : étudiez l'é-
conomie sociale. Où sont les livres et les brochures à bon
marché qui leur parlent leur langue et peuvent les instruire[1]? »
Ce ne sont pas assurément ceux de M. Baudrillart. Et combien y a-t-il de temps qu'on a fondé des écoles partout ; qu'on
a introduit dans le programme des études primaires les notions pratiques les plus indispensables ; qu'on a organisé des
conférences, des bibliothèques populaires, des caisses d'épargne à la portée de tous? Quand on songe aux tristes conditions dans lesquelles a été élevée la génération actuelle des
travailleurs ; à l'ignorance profonde, où on l'a laissée crou-
pir ; aux idées fausses que des énergumènes inconscients ou
des ambitieux sans scrupule ont semées parmi eux ; aux excitations malsaines auxquelles ils ont été en butte : alors on
voit leur état moral avec moins d'étonnement et avec plus
d'intérêt. Un malheureux s'est habitué dès l'enfance et par
la force des choses à vivre au jour le jour, sans aucune espérance d'avenir meilleur : n'est-il pas naturel qu'il saisisse au
passage toute occasion de s'étourdir, toute jouissance que le
hasard ou les circonstances peuvent lui procurer? C'est autant de pris sur l'ennemi, c'est-à-dire sur la misère, qui fait
le fond monotone de sa vie[2]. Pourquoi ne pas espérer que le
peuple, que l'ouvrier, mieux élevé et placé dans de meilleures conditions de moralité, reviendra à des goûts plus sim-

[1] Edm. About; A B C du travailleur, p. 305.
[2] Cf. E. About, id. p. 302.

ples, à des habitudes plus rangées, à des mœurs plus sages,
comme l'a déjà fait la noblesse et la partie la plus intelligente
de la bourgeoisie? La nature humaine ne serait-elle pas la
même dans toutes les classes de la société?

Reste le progrès artistique. Ici encore les avis sont parta-
gés. Ceux qui le nient prétendent qu'il y a sans doute, dans
ce qu'on appelle vaguement *l'art,* des éléments secondaires
qui sont perfectibles : par exemple la matière sur laquelle il
s'exerce, les instruments dont il se sert, les procédés qu'il
emploie, les notions scientifiques qui le guident; mais que
l'élément essentiel qui le constitue, pour ne pas dire l'art lui-
même, est quelque chose de personnel qui naît et meurt
avec l'artiste. Il y a, comme on le voit, une certaine analogie
entre la question du progrès artistique et celle du progrès
moral. Aussi ne faut-il pas s'étonner si ceux qui sont sceptiques à l'égard de l'un, le sont aussi généralement à l'égard
de l'autre, et si les arguments qu'ils mettent en avant sont à
peu près les mêmes dans les deux cas. « Le génie, dit
M. Bouillier, l'inspiration, l'imagination, le feu sacré, qualités essentiellement individuelles qui font le mérite de l'auteur, s'évanouissent avec l'auteur lui-même, avec le grand
écrivain, l'artiste, l'orateur, le poète, comme la vertu avec
l'homme vertueux. En fait d'héritage, ils ne laissent rien à
leurs imitateurs et à leurs disciples, sinon les perfectionnements de la langue dans laquelle ils ont parlé ou chanté, sinon des procédés techniques, dont ils se sont servis pour
composer, pour peindre, pour sculpter [1]. » Quoi ! l'auteur de
l'Iliade n'aurait rien laissé de plus à Sophocle, rien à Virgile ! Phidias n'aurait légué à la postérité des sculpteurs et des
architectes que des chefs-d'œuvre muets ! Racine ne devrait à
Corneille qu'une langue et des procédés techniques plus perfectionnés ! N'est-ce pas là une exagération manifeste ?

Le débat ne peut s'éclairer et se résoudre que par la distinction, dit le même auteur. Distinguons donc et analysons.
L'art, quel qu'il soit, consiste, croyons-nous, à concevoir un

[1] *Morale et Progrès,* p. 135 et 136.

idéal et à l'exprimer. Les moyens d'expression varient d'un
art à l'autre ; mais qu'on soit architecte, sculpteur, peintre,
musicien, poète, orateur, historien, on poursuit dans son œuvre la réalisation d'une conception idéale. Or, ces deux éléments de l'art sont-ils perfectibles ? Il n'y a pas de doute pour
le second : que l'artiste se serve de marbre, de couleurs, de
sons, de vers, de paroles ou de mots, la matière, les instruments, les procédés qu'il emploie se perfectionnent de plus
en plus. D'un autre côté la conception d'un idéal n'est pas
indépendante du siècle, du pays, du milieu où vit l'artiste,
du degré de civilisation, des produits antérieurs de l'art, de
l'état de l'esthétique. L'art, sous toutes ses formes, reflète la
société où il se produit. « Il y a eu, aux différentes époques,
dit M. Taine [1], une certaine conception dominatrice qui y a
régné, un certain modèle idéal de l'homme : au moyen-âge le
chevalier et le moine, dans notre âge classique l'homme de
cour et le beau parleur, etc. » S'il en est ainsi, l'idéal varie
avec les temps, s'élève avec la civilisation, et ne saurait être
considéré comme une création toute personnelle de l'artiste
qui le conçoit et l'exprime. Il y met du sien, c'est vrai ; mais
il subit, qu'il en ait conscience ou non, l'influence inévitable
du goût public, des idées contemporaines. L'art est donc perfectible dans ses deux éléments et doit par conséquent progresser, comme tout ce qui émane de l'activité humaine.

Ainsi envisagée, la question est simple et claire ; mais elle
est souvent compliquée et obscurcie par les considérations
étrangères qu'on y introduit. Le génie, objecte l'un, est individuel. Comment concilier, demande l'autre, le progrès avec
les décadences fréquentes que l'art subit ? M. Caro va plus
loin. Nous sommes quelque peu surpris de le trouver au nombre des sceptiques, car, admettant, comme il le fait, le progrès moral, il devait, semble-t-il, admettre aussi par analogie
le progrès artistique. Loin de là : à son avis, non-seulement
l'art ne progresse pas, mais il décline et s'en va avec les traditions et les goûts aristocratiques de l'ancienne société. Ces
objections sont spécieuses et méritent examen.

---

[1] Hist. de la litt. anglaise.

Le génie est une qualité individuelle, dit-on : accordons-le, bien que nous ayons à faire certaine restriction. Mais le génie n'apparaît pas seulement dans le domaine de l'art. Cette faculté, n'étant en somme qu'une aptitude transcendante à faire une chose, doit pouvoir se trouver dans toutes les manifestations de l'activité humaine. En effet il y a le génie des sciences aussi bien que le génie des arts ; il y a le génie militaire, le génie politique, le génie des affaires, etc. Il y a même le génie du bien : on a dit, par exemple, que Vincent de Paul avait *le génie de la charité.* Mais, sans donner à ce mot un sens si étendu, nous nous bornons à demander si la pensée est venue à personne de nier le progrès des sciences sous prétexte que le génie des hommes supérieurs qui ont contribué à leur avancement était une qualité individuelle. — D'ailleurs l'histoire des sciences et des arts prouve que le génie fait rarement défaut quand le besoin s'en fait sentir et que rien ne s'oppose à son éclosion. Ce n'est pas une faculté si extraordinaire qu'on serait tenté de le croire en voyant l'admiration enthousiaste, la vénération presque idolâtre qu'il inspire à certains critiques de l'école classique. En faisant des poètes et des artistes les interprètes, les familiers des dieux, les anciens ont créé une légende qui s'est perpétuée jusqu'à nous. Nous parlons encore du *feu sacré*, de l'*inspiration*, comme s'il y avait dans le génie je ne sais quoi de surnaturel, de divin ; *mens divinior.* C'est cependant une faculté purement humaine et même plus commune qu'on ne pense. Condorcet, dans le Supplément à la 5ᵉ Époque, en a fait une étude approfondie que nous aimerions à analyser ici, n'était la crainte d'allonger encore par un hors-d'œuvre une dissertation qu'il serait au contraire prudent d'abréger. Le génie n'est pas non plus une faculté distincte, ce n'est que l'épanouissement dans des conditions exceptionnelles et éminemment heureuses d'une faculté commune à tous les hommes [1]. S'il y a dans l'histoire des arts des périodes d'apogée, de décadence, de renaissance, cela tient uniquement à ce que les circonstances ont favorisé ou contrarié le développement des

[1] Cf. Géruzez, Cours de litt. p. 3.

aptitudes. Si, à certains moments, il y a pénurie de grands
hommes, on aurait tort d'en accuser la parcimonie de la nature. La nature, qui prodigue tous ses dons avec une merveilleuse profusion, ne cesse de semer libéralement le génie
dans l'humanité; mais la graine tombe souvent mal, comme
dans la parabole de l'Evangile [1]. N'y a-t-il pas eu aussi des
décadences scientifiques, c'est-à-dire des périodes où la science
a semblé plutôt reculer qu'avancer? Cependant voit-on que
la croyance au progrès scientifique en ait été atteinte? Pourquoi en serait-il autrement, quand il s'agit du progrès artistique? — Si après les grands siècles il n'est pas rare de voir
le niveau de l'art s'abaisser, cela tient à plusieurs causes. D'a-
bord l'exemple et les travaux des grands maîtres ont aplani
les difficultés et ouvert aux imitateurs un chemin facile pour
arriver à une médiocrité honorable, dont ils se contentent. La
paresse et la vanité y trouvent leur compte : on produit beaucoup et sans effort; on se fait vite une réputation de talent.
Pourquoi alors viser plus haut? Pourquoi s'imposer un travail ingrat? La poursuite du mieux est si laborieuse qu'elle
rebute toujours les tièdes. Il n'est pas besoin d'une longue expérience pour savoir à quel prix s'acquiert ce cachet de supériorité qui marque les œuvres des artistes éminents. La Fon-
taine ne trompe que les naïfs, quand il prétend que des deux
parts de son temps

> « il soulait passer
> L'une à dormir et l'autre à ne rien faire. »

Buffon est plus franc et définit le génie *une longue patience.*
Ainsi Newton, à qui l'on demandait comment il avait trouvé
le système du monde, répondit : *C'est en y pensant toujours.*
En effet, si de longues études ne l'avaient pas préparé à cette
découverte, il aurait pu voir tomber bien des fruits à terre
avant de songer à la gravitation universelle. — Puis le fonds de
l'art s'épuise, comme le sol, à force de donner sans rien recevoir. Pour être toujours fécond, il faut qu'il soit renouvelé
sans cesse [2]. Le génie, surmené aux grandes époques de pro-

[1] Marc, ch. 4.
[2] Cf. Cond.; Discours de récept. à l'Acad. franç. tome I, p. 404.

duction, a besoin de réparer ses forces par quelque aliment
nouveau : il se fatigue et s'affaiblit vite s'il est réduit à se
nourrir longtemps du même idéal. « Tout est dit » s'écrie
tristement La Bruyère, au commencement de son livre, et ce
mot est plus vrai, plus profond que l'auteur ne le supposait.
Si un nouveau courant d'idées n'était pas venu raviver les
sources à demi-taries de l'inspiration, Voltaire n'eût probablement écrit que des poésies relativement médiocres ; Rousseau fût mort inconnu ; Montesquieu n'eût été que président
à mortier ; et, malgré les découvertes que les d'Alembert auraient pu faire en géométrie, le xviii° siècle courait le risque
d'être classé dans l'histoire parmi les siècles de décadence.

Enfin, le sort des arts dépend beaucoup aussi de l'accueil
qui leur est fait dans le monde. L'on s'est moqué, et avec
raison, de certaines exagérations poétiques :

> Un Auguste aisément peut faire des Virgiles [1].
> Un coup d'œil de Louis enfantait des Corneilles [2].

Cependant, supprimez ce qu'il y a d'excessif dans la forme,
il restera une idée vraie au fond. Il est certain que le génie
s'est trouvé, sous Auguste et sous Louis XIV, dans les conditions les plus heureuses, et que la faveur dont il jouissait en
haut lieu n'a pas peu contribué à son brillant développement.
Un roi aime les arts ; ou, ce qui revient au même, croit de son
intérêt de les protéger : aussitôt tous les courtisans, tous les
nobles, tous les riches, par flatterie, par esprit d'imitation,
se prennent à les aimer, ou du moins à les encourager à
l'exemple du maître. Des talents qui se seraient eux-mêmes
ignorés, ou qui se seraient étiolés dans un milieu indifférent,
se trouvent sollicités, stimulés, soutenus, fêtés ; le génie se
révèle, se multiplie ; quelques années suffisent, si tout est
d'ailleurs favorable, pour former une brillante génération
d'artistes. Supposez, au contraire, les autres conditions restant les mêmes, un prince sans goût pour les arts : les courtisans et les riches partageront son indifférence ; le public
restera froid. Quelque génie puissant pourra néanmoins se

---

[1] Boileau, ep. 1.
[2] Delille.

produire, car il y a de ces vocations que rien ne décourage ;
mais livré à ses seules forces, n'osant compter que sur la postérité, se sentant délaissé, méconnu, pauvre peut-être, il
n'aura pas cette heureuse audace que donne le succès : il
sera exposé à rester au-dessous de lui-même ; en tout cas,
l'on peut affirmer sans témérité que son exemple trouvera
peu d'imitateurs. — La littérature a été longtemps à la merci
des princes et des classes riches. Tant que le peuple n'a pas
su lire, les écrivains, poètes et prosateurs, ont été dans une
situation précaire. Mais leur sort s'est amélioré, à mesure
que l'instruction s'est répandue. Le grand Corneille a toujours été dans la gêne ; s'il vivait aujourd'hui, il serait, sinon
riche, au moins dans une honnête aisance, ou bien il y aurait de sa faute. Nos poètes et nos écrivains contemporains,
non-seulement les grands, mais tous ceux qui ont le secret de
se faire lire, font bonne figure dans le monde ; il leur est aisé
d'acquérir, avec la réputation et l'indépendance, le confort,
la fortune même. Il en est ainsi des musiciens : compositeurs,
exécutants, interprètes, tous peuvent avec du talent se faire
un nom et un sort. C'est que les œuvres musicales, comme
les livres, sont accessibles à tous et ont l'avantage inappréciable de se répéter et de se répandre indéfiniment. Cette
popularité de l'art, qui assure le recrutement et favorise le
développement des aptitudes, ne saurait être sans influence
sur le progrès. — Les autres arts, la peinture surtout et la
sculpture, sont dans des conditions bien plus ingrates. Il est
facile d'apprendre à lire et même à juger ce qu'on lit, mais
pour être en état de goûter, je ne dis pas d'apprécier, un tableau, une statue, l'instruction ordinaire ne suffit pas : il
faut une éducation toute spéciale, une sorte d'initiation.
D'ailleurs une œuvre d'art ne peut pas se multiplier comme
un livre et devenir une source de revenus sans cesser d'être la
propriété de l'auteur. C'est une bonne fortune pour l'artiste,
quand il trouve sur son chemin quelque riche amateur qui
achète, sans trop marchander, et une fois pour toutes, la
pierre ou la toile sur laquelle il a mis une partie de sa vie.

Les rois s'en vont, dit-on : il n'y a plus de cours, à proprement parler, plus de Fouquets, plus de grands seigneurs ;

l'aristocratie se fait de jour en jour plus bourgeoise ; le flot montant de la démocratie va emporter ce qui reste encore des vieilles traditions artistiques. Car il ne manque pas de gens qui s'imaginent, avec M. Caro, que dans une démocratie l'art doit forcément baisser et confiner de plus en plus à l'industrie. Ils oublient que c'était pour le peuple athénien, le plus démocratique des peuples, et non pour de grands seigneurs ou de riches particuliers, que travaillait Phidias. Ne faut-il pas, dans nos démocraties modernes, comme dans la cité de Périclès, des monuments publics, des tableaux et des statues pour les décorer? Le besoin d'œuvres d'art, qui ne se faisait guère sentir sous la vieille monarchie que dans quelques résidences royales, dans les châteaux aristocratiques, dans les chapelles seigneuriales, s'étend aujourd'hui à toutes nos villes, qui rivalisent entre elles de splendeur. Celles qui ont quelque importance créent des musées et des expositions pour l'éducation artistique du peuple. Il n'y en a pas de si petite, qui ne veuille élever, au milieu de sa place publique, une statue à quelque illustre enfant du pays. Cette tendance générale n'est-elle pas du meilleur augure pour l'avenir des arts? Nous traversons, il est vrai, une période de transition : d'aristocratique l'art tend à devenir démocratique, et l'éducation artistique du peuple n'est pas encore faite. Comment le serait-elle? Si dans quelques grandes villes il y a de beaux monuments, de beaux tableaux, de belles statues et des musées ouverts au public, dans les autres et dans les campagnes l'on n'a eu jusqu'ici pour se former le goût que les *magots* et les *croutes*, qui forment la parure ordinaire de la plupart de nos églises [1]. Mais qu'on se rassure, l'éducation du peuple se fera, et d'autant plus vite que l'on comprend aujourd'hui combien est grande l'influence moralisatrice des arts, et qu'on est partout disposé à favoriser par les moyens les plus efficaces le développement du sens esthétique dans toutes les classes de la société.

Quand on examine de trop près l'histoire des arts, on est plus frappé des accidents passagers, des décadences et des

---

[1] Cf. L. Nadeau, Voyage en Auvergne, p. 104.

renaissances successives, que du progrès général qui s'est fait. Mais quand on voit les choses de plus haut, on n'aperçoit plus ces intermittences insignifiantes. C'est dans une vue d'ensemble qu'il faut envisager l'art, depuis les origines jusqu'à nous, depuis les premières manifestations du sens esthétique jusqu'aux conceptions idéales de la civilisation actuelle, si l'on veut se faire une idée de la distance parcourue. La doctrine de l'évolution a jeté sur la question une lumière nouvelle. Que les objections tirées de la personnalité du génie et des fluctuations de l'art paraissent faibles en présence des arguments à longue portée de M. Herbert Spencer ! Pour le philosophe anglais il n'y a qu'une loi unique et générale qui préside à tout développement, dans l'individu, dans les sociétés, dans la nature entière. Tout passe de l'homogène à l'hétérogène par une série multiple de différenciations successives, et c'est dans cette évolution que consiste le progrès. Nous reviendrons plus tard sur cette théorie, dont nous ne voulons relever ici que l'application aux beaux-arts. Les arts sont sortis les uns des autres : « le langage écrit est en connexion avec la peinture et la sculpture, et les trois sont primitivement des dépendances de l'architecture et tiennent par un lien immédiat à la première forme de tout gouvernement, la théocratie [1]. » Chacun de ces arts a progressé à mesure qu'il s'est séparé plus nettement du groupe congénère, et qu'il s'est différencié lui-même davantage. On s'extasie sur le haut point de perfection que certains artistes, que certains siècles ont atteint ; mais on ne remarque pas assez la monotonie de leurs productions. Homère et ses contemporains ne savaient chanter que les héros assimilés et mêlés aux dieux ; Phidias n'a fait que des temples ou des statues de divinités païennes ; le moyen âge n'a élevé que des cathédrales gothiques et quelques châteaux féodaux ; même sous Léon X les artistes ne se sont guère exercés que sur des sujets religieux. Quelle différence avec la variété qu'offrent aujourd'hui tous les arts ! A mesure que l'on avance, on voit l'idéal se diversifier de plus en plus. C'est à tel point qu'on

---

[1] Le Progrès, p. 25.

ne saurait, sans abuser de la patience du lecteur, poursuivre jusque dans leurs nombreuses ramifications les genres
différents que chaque art embrasse à notre époque[1]. Pour
ne parler que de la peinture, quel maître, fût-il pour le génie l'égal de Raphaël, oserait essayer à la fois, avec quelque
espérance de succès, une scène de mythologie, un sujet
chrétien, une étude de mœurs, un tableau historique, une
bataille, un combat naval, un portrait, une chasse, un coin
de forêt, un paysage, une marine, une charge, une nature
morte, et que sais-je encore? Et chaque genre, chaque sub-
division de genre a ses règles spéciales, exige des moyens et
des connaissances particulières, dont l'avancement des sciences augmente sans cesse le nombre. Cette diversité, ou, pour
employer le mot technique, cette différenciation croissante,
qu'est-ce, sinon un progrès artistique continu, qu'on ne saurait nier sans paradoxe ni dans le passé, ni même dans l'a-
venir? Car les créations de l'art seront plus nourries, plus
variées, plus originales; le génie aura plus de vigueur, plus
d'envergure, plus d'élévation, et en même temps plus de sûreté et de précision, à mesure qu'il se laissera pénétrer davantage par l'esprit scientifique[2].

De ce qui précède il est permis de conclure, ce nous semble, que la théorie de Condorcet peut résister à l'analyse et
sortir de cette épreuve intacte de tout point. Toutefois on
peut admettre que, chez lui, comme l'a dit quelqu'un, le
côté théorique n'est pas le plus brillant, ni le plus original.
Condorcet est mathématicien, économiste, philosophe du
XVIIIe siècle, homme d'état: c'est assez dire qu'il n'est pas
de ceux qui se passionnent pour la spéculation pure. De
plus il est français; or, comme l'a si justement remarqué
M. Gérard[3], le français, contrairement à l'allemand, vise
avant tout à l'action, au positif. Condorcet s'occupant de la
question du progrès devait être naturellement porté à l'étudier par son côté pratique. Là où les philosophes d'Outre-

[1] Cf. H. Spencer; Progrès, p. 75.
[2] Cf. Condorcet; Discours de récept. à l'Acad. franç. tome I, p. 403.
[3] Revue philosoph.; 1er sem. 1877, p. 466.

Rhin n'ont vu qu'une science toute théorique, pouvant peut-
être, mais dans un avenir très-éloigné, exercer quelque influence indirecte sur les institutions, il a découvert les
principes d'une politique nouvelle, immédiatement applica-
bles, et cela pacifiquement, sans révolution brusque, sans
aucun de ces moyens violents que les réformateurs impatients ont coutume d'appeler à leur secours [1]. C'est une gloire
peu commune, surtout à une époque d'effervescence et de
témérités, que d'avoir méthodiquement assis sur la base solide de l'expérience et de la philosophie une conception politique pourvoyant à tous les besoins matériels et moraux,
donnant satisfaction à toutes les aspirations légitimes du
cœur et de l'esprit, et permettant à l'humanité libre et cons-
ciente de s'acheminer sûrement, sous l'égide de la science,
sans secousses sensibles, par une série harmonieuse de perfectionnements successifs, vers un avenir de plus en plus
heureux, dont la perspective indéfinie va se perdre dans le vague d'un radieux idéal. On croirait rêver. Cependant, comme
notre philosophe le démontre, et d'une manière péremp-
toire, puisque les prémisses sur lesquelles il s'appuie s'im-
posent, et que la conclusion s'en déduit rigoureusement, ce
rêve doit se réaliser dans un avenir plus ou moins éloigné.
On pourrait même dire qu'il est déjà en voie de réalisation ;
car cette politique nouvelle, dont l'avènement et l'extension
imprimeront au progrès futur une impulsion si puissante, ne
sera qu'un résultat du progrès déjà accompli ; et la science,
dans l'état de développement où le passé nous l'a transmise,
est dès maintenant à la hauteur du rôle actif qui lui est destiné.

III

L'ouvrage de Condorcet a essuyé bien des critiques ; il a
même été souvent traité avec une sévérité que n'expliquent
pas les quelques fautes qu'on y peut relever.

[1] Cf. Littré ; Aug. Comte, p. 71.

9

Auguste Comte, tout en rendant justice à l'auteur, lui fait trois reproches assez graves, qui méritent un examen sérieux. 1° « Il lui reproche de n'avoir pas vu que la distribution des Époques, qui est ici la partie la plus importante du plan, exige un premier travail général, le plus difficile de ceux auxquels la politique positive doit donner lieu. Condorcet a cru pouvoir coordonner convenablement les faits en prenant, presque au hasard, pour origine de chaque Époque, un événement remarquable, tantôt industriel, tantôt scientifique, tantôt politique. En procédant ainsi, il ne sortait pas du cercle des historiens littérateurs. Il lui était impossible de former une vraie théorie, c'est-à-dire d'établir entre les faits un enchaînement réel, puisque ceux qui devaient servir à lier tous les autres étaient déjà isolés entre eux [1]. »

Cette critique d'A. Comte est reproduite par Littré, qui l'approuve d'une manière absolue. M. Flint la reprend à son tour, mais avec beaucoup moins de rigueur. La découverte de la division historique est, à son avis, un des services les plus importants qu'on soit en droit d'attendre de la philosophie de l'histoire ; « mais on peut échouer et le succès est des plus difficiles. » Il trouve que la critique de Comte est juste, mais qu'elle « ne constitue pas contre Condorcet un grief plus grand, que le fait de n'être pas parvenu à une bonne classification des plantes n'implique une censure contre le vieux et excellent naturaliste Césalpin [2].

Ne s'est-on pas mépris sur la méthode et l'intention de Condorcet? A-t-il cru découvrir, a-t-il même songé à chercher ce qu'on lui reproche de n'avoir pas trouvé? Quel besoin avait-il, pour atteindre le but qu'il poursuivait, d'une division philosophique de l'histoire? Si son plan, comme nous le disions tout à l'heure, est d'une simplicité lumineuse, cela tient précisément à ce qu'il a évité toutes les complications qui obscurcissent assez souvent les œuvres de ce genre. Il embrasse toute l'histoire d'une vue générale et n'y voit qu'un *processus* unique, qui ne se scinde pas en parties dis-

[1] Littré ; Aug. Comte, p. 70.
[2] Flint, (F.), p. 101 et 102.

tinctes, bien qu'il passe par des phases successives d'accélération ou de ralentissement. Il aurait pu, sans que sa théorie en souffrît, parcourir tout d'un trait l'espace entier des
dix Époques, ou du moins des neuf premières ; mais, comme
c'eût été une marche de trop longue haleine, il a préféré
s'arrêter à certaines étapes qui s'offraient naturellement à
son choix. « Je diviserai, dit-il, en neuf grandes Époques
l'espace que je me propose de parcourir, et j'oserai dans une
dixième hasarder quelques aperçus sur les destinées futures
de l'espèce humaine[1]. » Pourquoi, après une déclaration si
nette, lui demander ce qu'il n'a point promis ? Les Époques,
dit-on, ne sont ni également espacées, ni homogènes. C'est
vrai ; mais qu'y faire ? Le chemin qu'a suivi l'humanité offre
une grande variété d'accidents, et notre philosophe l'a pris
tel qu'il l'a trouvé. Si Comte est plus sévère que M. Flint, ne
serait-ce pas parce qu'il voit trop le système de Condorcet à
travers le sien ? La critique qu'il en fait pourrait bien avoir,
même à son insu, quelque chose d'intéressé ; car il est persuadé qu'il a lui-même trouvé la vraie division historique.
Ce n'est pas l'avis du professeur anglais qui traite assez mal
la fameuse théorie des trois états[2].

2° Comte reproche à Condorcet « de n'avoir pas su se dé-
pouiller irrévocablement des préjugés critiques de la philosophie du xviiie siècle. Cette philosophie, en lutte contre la
théologie et contre la féodalité, condamnait l'une et l'autre
dans le passé comme elle faisait dans le présent. Condorcet
s'est laissé dominer par de prétendus dogmes qui alors rem-
plissaient toutes les têtes ; il a fait le procès à l'histoire au
lieu de l'observer, et son ouvrage est devenu en partie une
déclamation dont il ne résulte réellement aucune instruction
positive[3]. »

Il y a quelque chose de vrai au fond de cette critique, mais
cela ne prouve rien contre la valeur de l'ouvrage. Oui, Condorcet est trop porté à concevoir l'être humain d'après le

[1] Condorcet ; tome VI, p. 24.
[2] Voir Flint, (F.), p. 322 et suivantes.
[3] Littré ; Comte, p. 71.

type qu'il a sous les yeux. S'il ne professe pas pour les *Wel-ches* un mépris aussi profond que Voltaire, on ne saurait nier qu'il partage jusqu'à un certain point sa prévention contre le moyen âge. L'ignorance et les préjugés de ce temps malheureux l'empêchent de rendre justice à ses mérites et à ses labeurs. La sévérité de notre philosophe est une consé-quence de son opinion sur les croyances religieuses: le moyen âge porte la peine de sa foi naïve et de son goût pour la théologie.

Ce n'est pas une fois, ni en passant, que Condorcet atta-que les religions. Il revient sans cesse à la charge, et toujours armé d'arguments nouveaux. Dans la première Époque, il expose l'origine probable de la superstition ; dans la sixième, il explique comment a pu se faire l'alliance des prêtres et des tyrans ; dans la huitième, il trace d'une main émue le ta-bleau des abus criants qui provoquèrent la Réforme ; dans toutes, il y a quelques traits à l'adresse des fanatiques et des charlatans. Il est visible que cette question lui tient au cœur; il ne la perd jamais de vue. Par là il se sépare complètement de ses précurseurs Vico et Turgot. Vico attribue aux reli-gions une influence si efficace sur le développement de la ci-vilisation, qu'il ne parle, lui catholique convaincu, qu'avec respect et reconnaissance du paganisme lui-même. Turgot, moins indulgent pour les croyances de l'antiquité, est si for-tement pénétré des services rendus à l'humanité par le chris-tianisme, que des deux discours consacrés par lui à la dé-monstration du progrès l'un, le premier, qui sert comme de préface au second, n'est qu'un pur exposé des avantages que l'établissement de la religion chrétienne a procurés au genre humain. — Condorcet, lui, confond dans une réprobation générale toutes les conceptions religieuses, sans exception. Pour lui religion, superstition, obscurantisme sont des ter-mes synonymes. « Le mépris des sciences humaines était, dit-il, un des premiers caractères du christianisme. Il avait à se venger des outrages de la philosophie ; il craignait cet esprit d'examen et de doute, cette confiance en sa propre raison, fléau de toutes les croyances religieuses. La lumière des sciences naturelles lui était même odieuse et suspecte ;

car elles sont très-dangereuses pour le succès des miracles,
etc. [1]. » Et ce qu'il dit du christianisme, il le dit à plus forte
raison des autres religions. Les prêtres de l'Egypte, de la
Grèce, de la Chine ne sont pas mieux traités, tant s'en faut,
que les prêtres catholiques [2] : il a pour tous la même rigueur,
et en cela il est plus conséquent que Turgot, qui retombe
dans l'idée de Bossuet, bien qu'il ait eu, paraît-il, l'intention
de refaire dans un esprit nouveau et d'après une autre méthode le Discours sur l'histoire universelle [3].

Mais Condorcet n'aurait-il pas pu, dira-t-on, tout en con-
damnant en libre penseur les croyances religieuses, reconnaître en historien impartial l'influence qu'elles ont exercée,
dans le principe, sur l'état moral des sociétés ? On peut même
remarquer que pour le christianisme il n'a pas confondu l'esprit évangélique avec l'esprit sacerdotal. « On était frappé,
dit-il à propos des prêtres chrétiens, de la contradiction de
leurs dogmes, de leurs maximes, de leur conduite avec les
Evangiles, premier fondement de leur doctrine comme de
leur morale [4]. » Cette distinction ne lui permettait-elle pas
de faire une concession importante, sans rien sacrifier de ses
principes philosophiques ? De même pour les anciennes religions, il ne nie pas absolument la bonne foi primitive. Il est
vrai qu'il ajoute aussitôt que les hommes à imagination exal-
tée, qui furent les premiers prêtres, ne restèrent pas longtemps dupes des erreurs inventées par eux-mêmes [5]. Mais
qu'importe ? Cette dernière opinion n'est pas particulière à
Condorcet ni à son siècle. M. Flint avoue aussi que les prêtres ont été avec les rois, « quelquefois consciemment, souvent d'une manière inconsciente, les pires ennemis sur terre
de leurs semblables [6]. » M. Renouvier reconnaît également
qu'il peut se rencontrer parmi les prêtres simplement en-
thousiastes ou naïvement fanatiques « quelques hommes plus
clairvoyants qui embrassent la profession lucrative de servir

[1] Cond ; tome VI, p. 103.
[2] Voir pages 56, 57, 66, 67, 68.
[3] Voir Foncln, p. 13.
[4] Cond.; tome VI, p. 125.
[5] Idem ; p. 376.
[6] Flint, (F.), p. 104.

a superstition commune [1]. » Il va même bien plus loin : « il est des maux qui naissent de la religion, et tous les peuples les ont connus, soit quand leurs croyances. les ont conduits à des actes d'injustice et de cruauté, soit quand elles les ont portés à violenter les consciences en faisant du culte et de la foi même des objets d'obéissance et de commandement, etc. [2]. » Cependant ni M. Flint, ni M. Renouvier ne concluent de là que les religions ont été un mal : ils vantent au contraire les services qu'elles ont rendus à l'humanité : elles ont été les *lisières de la raison*. Ce n'est pas ainsi que raisonne Condorcet : il ne croit pas à ces services ; et, sur ce point, il ne faut attendre de lui aucune concession. Il regrette que la raison humaine n'ait pas été élevée, comme l'Emile de Rousseau, sans bourrelet ni lisières, et il ne trouve rien de plus urgent que de l'en débarrasser enfin.

Outre que les symboles sont des voiles trompeurs qui déguisent la vérité, ils ont le très-grave inconvénient de se constituer en systèmes de dogmes théocratiquement consacrés, qui asservissent les consciences, immobilisent les esprits pendant des siècles et rendent difficile, presque impossible, tout progrès sérieux non-seulement dans la science et les arts, mais dans la moralité même. On pourrait encore ici invoquer à l'appui le jugement de M. Renouvier. « Si les Grecs ont pu si librement pénétrer dans les voies de la science et de l'art, c'est parce que la religion ne les avait point faits esclaves [3].» Le même philosophe nous expliquerait aussi pourquoi la religion nuit au progrès moral, loin de le favoriser : « l'influence de la religion sur la morale et leur mélange produisent une confusion d'autant plus sensible, que l'homme abandonne plus le gouvernement de lui-même et consulte moins directement sa conscience, en se portant avec ardeur vers la religion qui lui en tient lieu ; et que dès lors celle-ci tend à réglementer par ses prescriptions les mêmes choses qui eussent été du ressort de la morale [4]. » Il ne faut donc

[1] 4e Essai, p. 222.
[2] Id., p. 713.
[3] Id., p. 420.
[4] Id., p. 717.

pas trop s'étonner de l'hostilité de Condorcet contre les religions : cette attitude est en parfaite harmonie avec sa manière de concevoir le progrès.

Lui reprochera-t-on, avec A. Comte, de n'avoir pas rendu justice au moyen âge ? Il faudrait d'abord se demander si c'était possible à l'époque où il vivait. Or personne n'ignore que le XVIII° siècle s'est proposé avant tout de détruire les idées, les pratiques, les traditions du passé. C'est contre le moyen âge que s'est faite la révolution. Comment veut-on qu'au plus fort de la lutte, Condorcet, rompant avec l'opinion générale de son temps, ait entrepris de plaider une cause qui paraissait alors difinitivement jugée et perdue ? Il s'est produit depuis, il est vrai, contre l'esprit du XVIII° siècle, une réaction qui a été favorable au moyen âge. La critique historique, plus éclairée et surtout plus libre de passion, l'a réhabilité. C'est très-bien. Mais il serait injuste de demander à Condorcet des idées qu'il ne pouvait avoir ; autant vaudrait lui reprocher de ne pas appartenir au XIX° siècle.

3° « Le travail de Condorcet présente une contradiction générale et continue. D'un côté il proclame hautement que la civilisation au XVIII° siècle est infiniment supérieure à ce qu'elle était dans l'origine. Mais ce progrès total ne saurait être que la somme des progrès partiels faits par la civilisation dans tous les états précédents. Or, d'un autre côté, en examinant successivement ces divers états, Condorcet les présente presque toujours comme ayant été, aux points de vue les plus essentiels, des temps de rétrogradation. Il y a donc miracle perpétuel, et la marche de la civilisation devient un effet sans cause [1]. »

Cette critique de Comte est difficile à concilier avec l'éloge de Condorcet qu'on trouve cité dans le même ouvrage et à la même page. « Condorcet a vu nettement que la civilisation est assujettie à une marche progressive dont tous les pas sont rigoureusement enchaînés les uns aux autres suivant des lois naturelles que peut dévoiler l'observation philosophique du

[1] Littré ; Comte, p. 71.

passé [1].... » S'il en est ainsi, où est le *miracle perpétuel, l'effet
sans cause* reproché à Condorcet ? Si notre philosophe « a
nettement vu que la civilisation est assujettie à une marche
progressive », on ne peut pas dire sans contradiction qu'il
« présente presque toujours comme des temps de rétrogradation les différents états » par lesquels a passé la civilisation. Vainement on objectera le correctif *presque toujours* :
qui voit *presque toujours* mal les parties, ne peut avoir du tout
une *vue nette*. En présence de ces deux passages contradictoires, on ne saurait dire au juste ce que Comte entend blâmer chez Condorcet. Ce ne doit pas être l'idée synthétique
qui fait le fond de l'Esquisse, car il est évident qu'il l'approuve
sans restriction. C'est peut-être le plan suivi, la méthode
d'exposition. Il ne semble pas avoir remarqué que Condorcet, après avoir tracé, au commencement de chaque Epoque,
le tableau des résultats obtenus, présente ensuite, dans une
partie distincte, celui des obstacles que la nature, l'intérêt,
l'esprit de routine et de réaction, n'ont jamais cessé de sus-
citer au progrès. Cette méprise de Comte, s'il y a méprise, paraît étonnante, d'abord parce qu'il pose lui-même en principe qu'avant l'établissement d'une doctrine qui embrasse
tout le savoir (c'est-à-dire sa doctrine à lui), les malaises et
les perturbations ont accompagné chaque pas en avant, autrement dit chaque rénovation [2] ; en second lieu parce que
l'objection qu'il fait a été prévue et réfutée d'avance à plusieurs reprises par Condorcet. La science a été obligée de disputer pied à pied et de défendre ensuite le terrain qu'elle a
gagné : cette pensée revient sans cesse dans le cours de
l'Esquisse. « Aurait-on voulu que le système entier des facultés humaines dans la masse générale des individus pût faire
des progrès tellement méthodiques, que jamais il n'en résul-
tât pour aucune partie de ce système, ni trouble, ni désordre ;
que toutes les facultés se perfectionnant, et à la fois, suivant
une heureuse proportion, conservassent toujours entre elles
l'équilibre le plus favorable au bonheur de l'espèce entière ?

[1] Littré ; Comte, p. 71.
[2] Cf. Idem, p. 520.

Non sans doute ; un tel ordre ne pourrait appartenir qu'à une autre terre, à une espèce autrement constituée. Les maux inévitables qui ont accompagné les progrès de la nôtre,... nous ne devons les regarder que comme une des conditions que la nature a voulu attacher à l'exercice de la perfectibilité dont elle l'a douée, etc. [1]. »

Il serait facile de multiplier les citations de ce genre. Sans cesse le philosophe rappelle[2] que le progrès dépend du développement de l'intelligence, mais que ce développement ne peut guère avoir un cours régulier, contrarié qu'il est presque à chaque pas par des obstacles sans nombre. L'homme n'est pas un pur esprit. A côté de la raison s'agite la passion, dont la concurrence est redoutable : souvent la sagesse de l'une est vaincue par les intrigues et les violences de l'autre. Puis tous les milieux que traverse le progrès ne lui sont pas également favorables. Il y a de fâcheuses influences de climat, de race, de tempérament ; il y a des opinions invétérées, des traditions routinières, des erreurs en vogue, des superstitions toutes-puissantes ; il y a de mauvaises lois et de mauvais gouvernements, des instincts belliqueux, des guerres suivies de conquêtes : tout cela, joint aux passions, constitue une force d'opposition dont l'intelligence ne peut quelquefois triompher qu'après des luttes séculaires. De là ces tiraillements si fréquents, ces oscillations, ces temps d'arrêt, ces soubresauts suivis de retours soudains ; de là cette allure inégale et saccadée du progrès, surtout dans les sociétés primitives, où l'élément sensible était si vigoureux, si luxuriant, qu'il étouffait sous son ombre l'élément rationnel.

Mais l'avenir promet mieux. Un juste équilibre s'établira entre ces forces contraires, ou plutôt l'esprit scientifique, qui ne cesse de gagner de plus en plus, sera, dans un temps qui ne saurait être très-éloigné, en état de dominer à son tour les agitations passionnelles. Alors le progrès suivra dans son évolution cette marche régulière, graduelle, méthodique,

---

[1] Cond.; tome VI, p. 379.
[2] Notamment pages 38, 195, 196, 362, 363, 379, 463, etc.

qu'A. Comte semble reprocher à Condorcet de ne pas avoir aperçue dans le passé.

Les critiques auxquelles nous avons maintenant à répondre sont loin d'être aussi précises. Ce sont plutôt de vagues insinuations que des griefs nettement formulés. On y sent généralement percer je ne sais quoi de dédaigneux, de malveillant qui pourrait faire croire, si l'on ne repoussait vivement cette pensée, qu'on a affaire à des détracteurs systématiques de Condorcet. Écoutons ceux qui l'attaquent. Nous ne les citerons pas tous, ce serait trop long, surtout trop monotone, car on dirait qu'ils se copient les uns les autres. Nous choisirons dans le nombre ceux à qui leur position littéraire donne le plus d'autorité.

Commençons par un éminent professeur du Collége de France, M. Baudrillart. Il n'a, que nous sachions, rien écrit de particulier sur Condorcet : mais il a été amené plus d'une fois à parler de lui dans ses différents ouvrages. Voici d'abord une comparaison qu'il fait de l'abbé de Saint-Pierre avec Condorcet : L'abbé de Saint-Pierre « est un intermédiaire entre le XVIIe et le XVIIIe siècle, un politique qui participe à la fois de l'auteur du Télémaque et de Condorcet : moins chimérique toutefois que celui-ci, car il y a loin de la conception, et même, si l'on veut, du rêve de la paix rendue durable entre les peuples moyennant de prévoyantes combinaisons d'arbitrage, à l'utopie de Condorcet sur le progrès indéfini ayant pour couronnement une prolongation d'existence sur la terre en quelque sorte illimitée. Il est assurément moins chimérique de croire qu'on vivra sans se battre que de s'imaginer qu'on vivra plus vieux que Mathusalem [1]. » Ce qu'il y a de piquant, c'est que l'auteur de ces lignes écrit, six pages plus loin, à propos de l'un des nombreux projets de l'abbé : « C'est la pratique de l'hygiène que l'abbé de Saint-Pierre recommande et veut généraliser. Il démontre ensuite que cette pratique aurait pour résultat infaillible d'augmenter la durée de la vie humaine [2]. » Et, sans chercher à se mettre d'accord

[1] Études, tome II, p. 306.
[2] Idem, p. 312.

avec lui-même, M. Baudrillart déclare ces vues de l'abbé « ingénieuses et utiles.» — Ailleurs le même auteur met Condorcet à côté de Ch. Fourrier et l'oppose à Rousseau : « Cet état
de béatitude que Rousseau croit apercevoir derrière les siècles
est beaucoup plus simple que cette civilisation de l'avenir
rêvée par Condorcet et Charles Fourrier [1]. » Après ce singulier rapprochement, on est moins surpris de lire dans un autre ouvrage signé du même nom que « l'idée du progrès formulée par Turgot a été mise en lumière, exagérée et faussée
par Condorcet [2]. » Voici comment : « Mêlant la hardiesse et
la retenue, Turgot prévoyait les abus de son système et en
posait les infranchissables limites. Le progrès indéfini n'est
pas pour lui ce progrès impossible qui anéantit les bornes
dans lesquelles l'éternelle volonté a renfermé notre nature.
Il n'imagine pas pour l'avenir des facultés nouvelles et mys-
térieuses, et ne rêve pas pour le genre humain l'immortalité
sur la terre. S'avançant jusqu'aux confins de la vérité et du
bon sens, il va jusqu'où la philosophie peut aller, et s'arrête
où l'*illuminisme* commence [3]. » On pourrait se demander de
quels illuminés il entend parler, si une petite note indiscrète
ne nous avertissait que c'est Condorcet qui a donné le premier exemple de ces abus de la théorie du progrès. Donc, s'il
y a, comme l'affirme M. Baudrillart, « une philosophie téméraire, ivre d'espérances terrestres et cependant découra-
geante, qui voudrait abaisser l'homme à l'immobile béatitude des satisfactions matérielles, et le détrôner de ce privilége qui le distingue entre tous les êtres, se créer soi-même,
se développer par le sacrifice, et y trouver d'ineffables joies
et d'incomparables récompenses; » s'il y a « des théoriciens
du néant », la responsabilité ne doit-elle pas en retomber sur
Condorcet, puisque c'est lui qui a donné l'exemple [4]? »

Si du Collége de France nous passons à la Sorbonne, nous
y trouvons en M. Caro un détracteur non moins acharné de

[1] Études, tome I, p. 90.
[2] J. Bodin, p. 103.
[3] Études, tome I, p. 21 et 22.
[4] Idem, p. 22 et 23.

Condorcet. Ce n'est pas que M. Caro nie le progrès ; au contraire, il affirme, aussi hautement que l'auteur de l'Esquisse,
le progrès scientifique ; il défend avec énergie le progrès moral contre les objections de M. Buckle ; il croit fermement au
progrès industriel, politique, économique et social. Il est
vrai qu'il refuse d'admettre le progrès artistique ; mais ce n'est
là qu'une restriction relativement de peu d'importance et
M. Caro n'en reste pas moins un partisan déclaré du progrès.

Entendons-nous cependant. Pour lui, il y a progrès et progrès : il y a le progrès d'après Turgot et le progrès d'après
Condorcet : le premier est *raisonnable* [1], et le second ne l'est
pas, apparemment. « C'est à Turgot que revient la gloire
incontestée d'avoir établi l'idée du progrès dans sa compré-
hension tout entière... Quelle largeur de vues et en même
temps quel fermeté de bon sens dans le voisinage des chimères de Rousseau, bientôt dépassées par celles de Condorcet [2] !... Cette conception de Turgot, nous allons la voir se
dénaturer promptement et produire des résultats que Turgot
aurait désavoués. Elle s'enfle démesurément, s'exagère hors
de toute proportion et va se perdre avec Condorcet dans l'in-
fatuation et la chimère. L'Esquisse d'un tableau historique
de l'esprit humain, beaucoup trop vantée et très-peu lue a
tout au plus le mérite d'une amplification oratoire [3]. »

Voilà ce qu'on peut appeler une exécution sommaire.
Toutefois M. Caro semble avoir un scrupule. Si l'Esquisse est
très-peu lue, ce qui ne paraît guère contestable en présence
de pareilles critiques ; si elle a été beaucoup trop vantée (par
qui ? il n'eût pas été inutile de le dire), ce ne sont pas là,
somme toute, des raisons péremptoires qui puissent justifier
un arrêt si sévère. Il faut un grief plus sérieux. Ce grief, M. Caro
le tire d'une citation de quatre lignes du texte, séparées
de ce qui précède et de ce qui suit, et qu'il donne comme une
proposition résumant toute la philosophie du livre. « C'est le
fatalisme pur, s'écrie-t-il ensuite ; l'action personnelle de
l'homme s'évanouit dans ce progrès, qui s'opère comme le

[1] Rev. des deux mondes ; tome CVII, p. 755.
[2] Idem, 154.
[3] Idem, p. 756.

résultat forcé d'une loi mécanique [1]. » Pour répondre à cette
étrange assertion, il suffit de répéter la phrase de M. Renouvier placée comme épigraphe en tête de cette étude.
« L'ouvrage admirable et aujourd'hui si mal compris de Condorcet, ses thèses *prudentes* et *dubitatives* jusque dans leur
extrême hardiesse, ses probabilités sans *fatalisme*, sa critique
franche du passé,... tout cela paraissait trop scientifique et
trop révolutionnaire aux lecteurs affaissés du xix siècle [2]. »

La dixième Époque surtout semble déplaire à M. Caro. « Le
dernier chapitre de l'Esquisse est consacré aux progrès futurs
de l'esprit humain, que l'auteur réduit à ces trois points : égalité par le *nivellement* entre les nations dans l'humanité, entre
les citoyens dans chaque nation, perfectionnement indéfini
de l'homme, de sa nature, de ses facultés. C'est là qu'à travers quelques conceptions raisonnables l'imagination de l'auteur l'entraîne. Ce n'est plus le philosophe, c'est l'*illuminé* du
progrès. » Ce mot nivellement n'a-t-il pas été intercalé là par
humeur. On serait tenté de le croire, quand on lit quelques
lignes plus bas : « ce mélange du possible et de l'impossible fatigue et *irrite* le lecteur, s'il a le malheur d'être quelque peu *nerveux* [3]. »

Cependant il veut être juste à l'égard de Condorcet. Pour juger ce livre, « il faut se souvenir des circonstances où il a été
composé. Poursuivi, traqué par la tyrannie jacobine dont il
avait contribué à préparer le triomphe, exalté par son péril
même, l'auteur écrivait sous la dictée d'un sombre enthousiasme
qui ne voulait pas s'être trompé. Sous le coup de la guillo-
tine, il rêvait la prolongation indéfinie de l'existence humaine,
le perfectionnement sans mesure de la raison de l'homme
futur, l'âge d'or enfin. C'eût été mourir deux fois, que de mourir pour une chimère [4]. » Voilà ce que M. Caro appelle rendre justice à un homme qui est mort victime de son patriotisme et de ses convictions.

Mais ce n'est rien encore : Condorcet va être responsable

[1] Rev. des deux mondes ; tome CVII, p. 756.
[2] 4º Essai, p. 152.
[3] Rev. des deux mondes, tome CVII, p. 756.
[4] Idem, p. 757.

de toutes les exagérations qui ont pu se produire dans les discours et dans les écrits depuis sa mort. « Son livre est devenu l'évangile de toute une école qui s'en inspire encore, et qu'on peut bien appeler du nom dont elle se glorifie elle-même, l'école révolutionnaire, j'entends celle qui proclame la révolution comme une institution en permanence. C'est une des prétentions de cette école de s'approprier comme un monopole l'idée du progrès. Elle a refait, elle refait tous les jours le livre de Condorcet en y ajoutant un chapitre sur la la révolution, traitée dans le style même de l'auteur de l'Esquisse, honorée non pas seulement dans les inspirations de justice et de droit d'où est sortie la société moderne, mais célébrée dans ses plus tristes égarements, divinisée dans ses crimes. C'est là que l'on développe avec toutes sortes de variantes cette thèse *que l'idée doit germer dans le sang, que le sang est la rosée fécondante du progrès,* etc...[1]. » Inutile de poursuivre cette diatribe, qu'on serait tenté de remplacer par un mot bien connu : c'est la faute *à Condorcet.*

Il est à remarquer que l'auteur de cet article traite avec courtoisie M. H. Spencer, M. Buckle, M. Bagehot ; qu'il critique sans amertume, sans partialité, A. Comte et Littré ; qu'il rend justice à Saint-Simon, à Ch. Fourrier lui-même : Condorcet seul lui a paru ne mériter aucun égard.

Dira-t-on que ces écrivains ne se sont pas occupés particulièrement de Condorcet et n'en ont parlé qu'en passant ? Peu importe : ils n'ont pas hésité à le juger ; ils ont même accentué nettement leur jugement. On peut cependant citer à côté d'eux un autre écrivain qui a laissé un livre spécial sur Condorcet, sa vie et ses œuvres : c'est Charma, professeur à la Faculté des lettres de Caen, qui jouit de son vivant d'une certaine réputation comme philosophe. — Exalté par les uns, décrié par les autres, Condorcet, à son avis, n'a pas été sérieusement jugé. Ses titres philosophiques n'ont pas été équitablement pesés, impartialement reconnus : l'auteur

---

[1] Rev. des deux mondes, tome CVII, p. 758.

voudrait leur faire la part à laquelle ils ont droit[1]. Il prend pour épigraphe cette pensée de J. P. F. Richter : « Il faudrait traiter avec quelque douceur et avec charité toute médiocrité qui, ne pouvant offrir le talent dans sa totalité, en offrirait du moins une parcelle. »

Ces préliminaires, cette épigraphe nous promettent une critique impartiale, bienveillante, *charitable.* Qu'on en juge. Charma savait très-bien[2] qu'on ignore si Condorcet s'est empoisonné ou s'il est mort naturellement, et que l'autopsie n'amena rien de certain. Cela ne l'empêcha de dire que Condorcet « selon toute apparence s'était empoisonné[3]. » Pourquoi non ? ses principes ne s'y opposaient pas : Cette raison suffit à Charma. Un peu plus loin il supprime même toute formule dubitative ; que dis-je ? il semble triompher de ce qu'un philosophe si mal pensant n'a pas eu le courage d'attendre le bourreau : « viennent les heures où la vertu se présentera avec un front sévère, où elle nous imposera des travaux sans salaire, des sacrifices sans compensation ! Nous fuirons alors devant la souffrance ; de deux maux nous prendrons le moindre, et nous aurons, dans le chaton de notre bague, de quoi faire face aux éventualités[4] ! » Est-ce là le ton de la charité, même en supposant que le suicide ait été prouvé ?

Voilà pour l'homme ; voyons maintenant comment l'auteur de l'Esquisse est traité. Après avoir résumé d'un ton sensiblement ironique les principales vues de la dixième Époque, Charma ajoute : « A ce bonheur que le philosophe nous promet, une seule condition semble manquer encore, la durée ! Cette condition, on va nous la donner ! Les acquisitions que fait chaque jour la médecine ; l'usage d'aliments mieux choisis, d'habitations mieux exposées ; un régime qui développerait nos forces par l'exercice, sans les ruiner par des excès ; la destruction des deux causes les plus actives de dégradation, la misère et la trop grande richesse, ne nous permettent-ils pas d'espérer que l'intervalle, si restreint aujourd'hui, qui sépare les

[1] Cf. Charma, Condorcet, sa vie et ses œuvres, p. 3.
[2] Voir la note 45.
[3] Page 19.
[4] Page 39.

deux points extrêmes de la vie, s'étendra d'âge en âge, et nous voilà presque immortels[1] ! » Le trait de la fin est déjà méchant ; mais pas assez, paraît-il, au gré de l'auteur, car il revient à la charge dans une autre tirade, qu'il a eu au moins le bon esprit de cacher derrière le texte, au milieu des notes : « on pourrait même dire *tout à fait* (immortels), en pressant un peu plus le sens du passage suivant : « Sans doute l'homme ne deviendra pas immortel ; mais la distance entre le moment où il commence à vivre et l'époque commune où naturellement sans maladie, sans accident, il éprouve la difficulté d'être, ne peut-elle pas s'accroître sans cesse ? ... Mais nous ignorons quel est le terme qu'elle ne doit jamais passer ; nous ignorons même si les lois générales de la nature en ont déterminé un au-delà duquel elle ne puisse s'étendre (Cond. p. 273, 275)[2]. » Charma rapproche là deux phrases qui ne se suivent pas dans le texte. Il aurait dû avertir que la dernière n'est nullement la suite de la première, mais qu'elle fait partie d'un développement mathématique sur les deux sens du mot *indéfini*, et n'a pas dans l'ensemble du morceau une signification aussi absolue qu'à la place où il l'a mise. Il oublie aussi de nous dire qu'il s'agit ici, non pas de la vie individuelle, comme la citation ainsi disposée tend à le faire croire, mais de la durée moyenne de la vie humaine, ce qui est très-différent. Il aime mieux *presser le sens* et se lancer à la suite de La Harpe dans une raillerie grotesque qui ne prouve rien autre chose que la légèreté du critique : « La Harpe pense que si Condorcet n'a pas émis nettement sa pensée, c'est que *quand un paradoxe ressemble à la folie complète, il est assez naturel qu'on ne l'énonce pas crûment.* Fourrier n'a pas eu ce scrupule : il promet bien positivement à l'homme, s'il veut suivre ses conseils, qu'il sera dans un avenir plus ou moins éloigné, amphibie et nyctalope, comme les albinos ; qu'il jouira de la repousse perpétuelle des dents et vivra sans vieillir[3]. » N'est-ce pas à croire qu'il y a en critique, comme en toute matière, des opinions courantes et pour ainsi dire banales qui

---

[1] Charma, p. 42.
[2] Page 78.
[3] Pages 78 et 79.

s'empruntent sans scrupule, se r.... sans contrôle et finissent par passer en dogmes. Oui, Montesquieu a raison,
« il y a des choses que tout le monde dit, parce qu'elles ont
été dites une fois [1]. »

Cependant on peut relever dans Charma une opinion vraiment neuve, qu'il n'a puisée à aucune source, et qu'il a droit
de revendiquer comme sienne : d'après lui, si Condorcet eût
vécu plus longtemps, il se fût rallié à cette « monarchie *aris-
tocratico-démocratique*,... forme définitive de nos constitutions politiques, couronnement suprême de l'édifice social [2].»
Condorcet partisan de l'Empire ! Condorcet bonapartiste !
Voilà certes une idée à laquelle personne ne se fût attendu,
bien que l'opuscule en question ait été publiée en 1863, c'est-
à-dire à une époque où la flatterie à l'adresse du gouvernement existant était toujours bienvenue, quelque grossière
qu'elle fût. Heureusement c'est là le dernier mot du livre ;
c'est comme le soufflet d'affranchissement, après lequel l'auteur laisse son héros, ou pour mieux dire son patient, en liberté.

Peut-être faudrait-il rappeler ici les expressions malheu-
reuses que Lamartine a laissées échapper dans l'*Histoire des
Girondins* à l'endroit de Condorcet. Mais François Arago [3] en
a fait si bonne justice, qu'il serait superflu d'y revenir.

La critique la plus récente que nous ayons à citer est celle
de M. Flint, professeur à l'Université d'Edimbourg. Esprit
éclairé et judicieux, il apprécie les idées de Condorcet avec
une indépendance d'autant plus grande, qu'il est plus éloigné par le temps et les lieux des passions qui ont trop souvent en France égaré notre jugement. C'est un bon guide
pour revenir une dernière fois sur ce terrain qui paraît encore brûlant.

Outre qu'il passe en revue les principales objections déjà

[1] Gr. et Dec. ch. 4.
[2] Charma, p. 49.
[3] Remarques sur divers passages de l'Histoire des Girondins relatifs
à Condorcet. Cond.; tome I, p. 173-186.

faites, il en propose de son chef quelques-unes qu'il est juste
de signaler, bien qu'elles ne touchent qu'à des questions de
détail.

Il reproche à Condorcet d'avoir, à l'exemple de Bossuet,
passé sans les mentionner par dessus des nations telles que
l'Inde et la Chine[1], dont Voltaire semble s'être complu, comme
par esprit de contradiction, à vanter le haut degré de civilisation dès une époque très-reculée. S'il n'avait oublié que
la Chine et l'Inde, on pourrait alléguer que l'histoire de ces
contrées était encore peu connue, et que Voltaire lui-même
n'en parle qu'en abritant ses affirmations derrière quelques
formules dubitatives[2]. Mais « les cinq grandes monarchies, la
Judée et en réalité toutes les nations du monde oriental, aussi
bien que leurs histoires, ne sont l'objet d'aucune apprécia-
ciation, ni même d'aucune mention. » C'est là sans doute une
lacune qu'il est difficile d'expliquer par un oubli involon-
taire, quelque précipitée qu'ait été la rédaction de l'Esquisse.
Peut-être Condorcet n'a-t-il voulu voir dans l'Orient que despotisme militaire et fanatisme religieux ; or, comme il ne
songe qu'à tracer à grands traits l'histoire du progrès par la
science, il a cru pouvoir omettre sans inconvénient les peuples qui n'y ont que très-indirectement contribué. Kant aussi
est d'avis qu'on peut faire une philosophie de l'histoire en
partant seulement de l'histoire grecque, et Hume regarde
la première page de Thucydide comme le début de toute véritable histoire[3]. M. Vacherot ne pense pas autrement :
« toutes les sociétés à demi-barbares, comme les pays slaves,
ou immobiles depuis des milliers d'années, comme les peuples de l'Orient, comptent à peine dans les destinées de l'Humanité, malgré le chiffre écrasant de leurs populations. L'historien philosophe a toujours eu raison de voir surtout l'humanité dans ses véritables foyers de civilisation, et de concentrer
sa pensée dans la contemplation de ces peuples si petits par
le nombre, si grands par le cœur et l'esprit qu'on nomme les
Grecs et les Romains, en abandonnant à peu près tout le reste,

[1] Flint (F.), p. 89 et 100.
[2] Voir Essai sur les mœurs, etc., ch. 1, 2, 3 et 4.
[3] V. Littré, p. 66 ; et Flint (A.), p. 97.

c'est-à-dire la barbarie du Nord et la décrépitude de l'Orient
à la curiosité de l'historien géographe [1]. »

Suit un autre reproche, qui ne paraît pas mieux fondé.
« Condorcet adopte sur l'origine de l'homme la théorie qu'on
a appelée théorie de l'état sauvage ; mais il semble n'avoir
été déterminé à ce choix que par le besoin de rester d'accord
avec lui-même... Il n'apporte pour la défendre aucun de ces
faits et arguments particuliers, aucune de ces inductions auxquelles... tant de savants d'aujourd'hui accordent une importance à peu près exclusive [2]. » De ce que notre philosophe
n'a pu invoquer à l'appui de ses affirmations des découvertes
que la science n'avait pas encore faites, en résulte-t-il comme
conséquence qu'il a affirmé témérairement ? Est-ce à lui
d'ailleurs qu'incombe la justification d'une opinion qu'il n'a
pas été, tant s'en faut, le premier à émettre ? Presque tous
les philosophes du xviiie siècle, pour ne pas remonter plus
haut, l'avaient adoptée comme une probabilité voisine de la certitude, probabilité à laquelle ils arrivaient par une induction
toute naturelle. Si, en effet, à mesure qu'on remonte dans le
cours de l'histoire, on retrouve l'humanité dans un état de
plus en plus barbare, pourquoi n'admettrait-on pas que les
premiers hommes ont dû ressembler aux êtres grossiers que
le poète Lucrèce a représentés vivant d'une façon toute bes
tiale au milieu des forêts [3]. L'anthropologie est venue, qui a
fourni avec profusion des preuves matérielles à l'appui ; mais
avant ces preuves irrécusables, il y avait des présomptions
assez fortes, pour que la logique pût à la rigueur s'en contenter.

Peut-être M. Flint, quelque impartial qu'il s'efforce d'être,
se trouve-t-il parfois gêné dans son indépendance d'esprit
par ses opinions religieuses. Il a été pasteur, avant d'être professeur de philosophie et il peut se faire qu'il ait peine à concilier, dans certains cas, ses croyances avec ses convictions.
Ce n'est pourtant pas à Condorcet qu'il s'en prend des théories antireligieuses du xviiie siècle, c'est à Voltaire, qu'il mal-

[1] Vacherot, Rel. p. 353.
[2] Flint (F.), p. 99.
[3] De Nat. rerum, liv. V.

mène sans cesse. Mais Condorcet, étant voltairien, a dû pour
sa part essuyer aussi quelques attaques. Après tout, ce sont
des attaques bénignes, des traits sans venin, décochés dans
un moment de vivacité, et que voudrait arrêter aussitôt la
main qui les a lancés. Pourquoi aussi Condorcet ne s'est-il pas
borné à développer les idées de Turgot en les tournant contre Voltaire ! On pourrait alors le louer sans scrupule. Et
pourquoi est-il si dur pour la monarchie et pour l'Eglise ?
Ses vues ne manquent-elles pas de charité ? Puis, si l'on regarde ces institutions comme pernicieuses, « comment se
fait-il que l'histoire ne soit pas un recul plutôt qu'un progrès ? Avec une autre philosophie que la sienne, Condorcet
eût bien pu échapper à cette difficulté, tout au moins la tourner[1]. » N'est-ce pas là le ton d'un critique bienveillant, mais
embarassé, qui ne demanderait qu'un biais pour se tirer d'une
position délicate ?

S'agit-il de la grosse question de la prolongation de la vie ;
même hésitation de la part du critique, même perplexité,
même inconséquence. On sent qu'il n'est pas à l'aise. Il a beau
faire pour se mettre d'accord avec lui-même, il ne parvient
pas à éviter une contradiction. « Sur ce point, dit-il d'abord
après les La Harpe et les Charma, Condorcet est certainement
tombé dans des extravagances qui ont donné raison au ridicule[2]. » Puis il est obligé, pour être équitable, de réduire à ses
justes proportions l'affirmation de Condorcet : « Cette proposition que la mortalité diminue avec le progrès de la civilisation
avait la probabilité en sa faveur à l'époque où Condorcet
écrivait, et depuis elle a été abondamment prouvée... La mort
du corps est un terme qui ne peut être exactement fixé et
qu'on peut faire lentement reculer[3]. » Qu'est-ce que Condorcet a dit de plus ? « Mais ce terme ne peut être éloigné beaucoup, » ajoute M. Flint. Qu'importe ? cette prolongation de la
vie, quelle qu'elle soit, est indéfinie dans le double sens que
l'auteur de l'Esquisse donne à ce mot[4]. Où sont alors les

[1] Flint (F.), p. 103.
[2] Idem ; page 116.
[3] Id. p. 116 et 117.
[4] Cond.; tome VI, p. 274.

extravagances qui ont donné raison au ridicule ? » On les
cherche sans pouvoir les trouver.

Mais quand les idées de Condorcet ne heurtent point ses
opinions théologiques, M. Flint lui rend pleine justice ; il le
défend même au besoin. Par exemple, il réduit de beaucoup
la portée de la critique d'A. Comte contre la division en Époques [1] ; il étudie avec un intérêt marqué la théorie des trois tendances, qu'il n'est pas loin d'approuver complètement [2] ; il sem-
ble regretter que Condorcet ait été obligé de se borner, faute de
documents scientifiques, à de simples conjectures sur l'hérédité [3] ; Il déclare que l'auteur de l'Esquisse a raison d'affirmer le progrès indéfini de la science et par suite de la moralité : qu'en cela « il n'a fait que traduire la raison commune
et le sentiment de la race humaine [4]. »

Au lieu de chercher à dénigrer la dixième Époque, comme
d'autres l'ont fait, il reconnait que c'est la partie capitale de
l'œuvre : « la partie la plus originale, et malgré ses erreurs,
la plus importante du traité de Condorcet, est précisément
celle qui a été le plus critiquée et le plus ridiculisée. L'idée
que les conclusions générales tirées du passé fournissent les
données pour prévoir l'avenir dans l'histoire se trouvent là,
pour la première fois peut-être nettement formulée... C'est à
la fois parce qu'il a énoncé cette idée et qu'il a tenté de l'ap-
pliquer, que Saint-Simon et Comte ont donné à l'ouvrage de
Condorcet une place parmi les plus importantes productions
de l'esprit scientifique... On se trompe quand on le représente comme prenant le rôle d'un prophète ; il pensait que la
science de l'histoire implique une certaine suite de prévisions
et que les grandes lois qui régissent le passé garantissent
l'exactitude de certaines inductions sur l'avenir ; voilà
dans quelle mesure il se pose en prophète. Il se bornait
d'ailleurs entièrement à des inductions générales, et jamais
n'eut la prétention de prédire des événements particuliers.
Il se borna, pour dire le vrai, à tirer de l'histoire entière du

[1] Flint (F.), p. 101 et 102.
[2] Pages 107-111.
[3] Pages 113 et 114.
[4] Page 116.

passé la conclusion qu'il y a trois tendances qui marquent sans doute les traits caractéristiques de l'avenir. Croire avec réserve à la réalisation de quelqu'une de ces tendances ne semble impliquer rien qui soit évidemment absurde ou chimérique [1]. » On peut opposer ce jugement à celui de M. Caro. Quant à la restriction « malgré ses erreurs, » nous savons déjà à quoi nous en tenir.

Une autre idée de M. Flint, qu'on est étonné de ne pas trouver chez tous les critiques, c'est que l'Esquisse ne doit être jugée qu'avec une extrême indulgence [2]. Ce livre n'a pas été fait dans les conditions ordinaires. L'auteur n'avait ni le temps, ni la tranquillité d'esprit, ni les moyens d'information qu'eût demandés un pareil travail. Aussi n'a-t-il pu que tracer à la hâte les grandes lignes de son système. Ce qu'il nous a donné ne devait pas être un ouvrage définitif, mais le *prospectus* d'une œuvre qu'il se proposait de faire plus tard à loisir, si la mort le lui permettait. De plus il écrivait sous l'impression des émotions les plus fortes et à une époque de surexcitation générale. Sous l'influence de la température morale du moment, les idées devenaient des passions ; les opinions, les convictions elles-mêmes s'échauffaient jusqu'à l'enthousiasme : le lyrisme était la langue courante des orateurs et des publicistes, de la généralité des écrivains. Quoi d'étonnant, si quelquefois l'expression de Condorcet dépasse le but, si sa pensée se traduit sous une forme un peu hyperbolique, s'il donne à la vérité une apparence d'exagération ? Ce qui doit étonner davantage, c'est qu'il ait pu, dans les circonstances où il écrivait, conserver assez de calme et de modération pour suivre, avec une logique imperturbable, le fil de ses raisonnements à travers le dédale d'un sujet si vaste et s compliqué.

[1] Flint (F) ; pages 105, 106 et 107.
[2] Pages 97 et 98.

QUATRIÈME PARTIE

L'idée du progrès après Condorcet.

Il y aurait un moyen plus simple de réfuter toutes ces critiques, ce serait de montrer ce que les idées de Condorcet sont devenues après lui. S'il n'avait été qu'un esprit chimérique, depuis longtemps l'on ne songerait même plus à l'attaquer. L'utopie n'est pas viable ; elle peut plaire un instant aux imaginations romanesques, mais le bon sens public l'a bien vite ensevelie dans le ridicule et l'oubli. Quand une opinion a résisté aux attaques répétées de plusieurs générations, elle offre donc de très-sérieuses garanties de solidité. Or, est-il une vue de Condorcet qui n'ait pas subi victorieusement cette épreuve ? Laquelle de ses idées est morte avec lui ? Toutes ne sont-elles pas allées au contraire se développant et se fortifiant de plus en plus ? Sans parler encore de sa conception du progrès, quel moyen pratique proposé par lui, quel projet de réforme, quel amendement aux choses existantes, quelle question subsidiaire rentrant dans le plan général de son système à la fois social, politique et philosophique n'a pas été depuis reprise avec succès. On pourrait même retourner la phrase et se demander si quelque amélioration s'est faite en dehors de ses prévisions, ou autrement qu'il ne l'avait prévu. De quelque manière qu'on pose la question, la réponse est la même : l'expérience de près d'un siècle lui a donné raison sur tous les points.

Objectera-t-on que les Académies ou sociétés savantes ne se sont pas multipliées et n'ont pas étendu leur action autant

qu'il l'espérait [1]? Peut-être ; mais le besoin naturel qu'ont
éprouvé les savants de tous les pays d'établir entre eux des
communications suivies a donné naissance à une foule de
Revues et de publications scientifiques, qui remplacent plus
simplement, sinon avec avantage, un système compliqué
d'associations difficiles à bien fonder et plus encore à bien
diriger dans l'intérêt de la science. — Dira-t-on que la langue des sciences morales et politiques ne s'est guère perfectionnée depuis un siècle? C'est vrai ; mais il y a eu dans cet
intervalle tant de révolutions contradictoires, et par suite
une si grande confusion des principes et même des notions
les plus simples, qu'on aurait tort de s'en étonner.

Ce ne sont d'ailleurs que des exceptions de détail ; qu'est-
ce, à côté de la masse des faits qui ont pleinement confirmé
les prévisions de Condorcet! Le nombre en est si grand, qu'il
faut renoncer à les énumérer ; aussi bien ne pourrait-on le faire
qu'en revenant sans cesse sur ce qui a été déjà dit dans le
cours de cette étude. Il faudrait parler des progrès de l'égalité entre les nations et entre les citoyens de chaque peuple ;
du libre échange déjà admis en principe et qui ne tardera
pas à l'être en fait en Europe, en Amérique et ailleurs ; de
l'abolition à peu près générale de l'esclavage ; de la division
toujours croissante de la propriété et de la richesse ; du bien-
être considérablement augmenté, sans que le chiffre de la
population se soit élevé dans des proportions inquiétantes.

Le développement extraordinaire des sciences demanderait
aussi une mention détaillée: car, comment ne pas signaler
l'une après l'autre les grandes et nombreuses découvertes qui
ont illustré notre siècle, les inventions merveilleuses qui ont
changé en quelques années la face du monde? Les espérances de Condorcet ont été réalisées et même dépassées de beaucoup. N'avait-il pas raison aussi, quand il prédisait qu'en répandant et en popularisant l'hygiène on augmenterait la durée moyenne de la vie humaine? C'est un fait que constate
tous les jours la statistique, qui, elle aussi, a conquis, comme
il l'avait annoncé, un rang honorable à côté des sciences mo-

---

[1] Fragment sur l'Atlantide.

rales et politiques. S'est-il trompé, quand il a déclaré que le
calcul des probabilités était plein d'avenir, que c'est un puissant élément de progrès, et qu'en l'appliquant aux questions
sociales, on doit trouver le moyen d'améliorer sensiblement
le sort et la condition des classes laborieuses ? Que dirait La
Harpe, s'il voyait l'importance qu'ont aujourd'hui les chiffres
en toute matière ? Trouverait-il toujours « incompréhensible,
extravagante et souverainement ridicule la prétention de
Condorcet [1] ? » Que diraient les fauteurs de l'ignorance, qui
s'efforcèrent de remettre au plus vite la lumière sous le bois-
seau, s'ils entendaient aujourd'hui demander à hauts cris par
la majorité des Français des écoles gratuites, obligatoires et
laïques pour les deux sexes, comme le voulait Condorcet ? Que
penseraient les esprits timides, que Lamark scandalisait, s'ils
assistaient aux leçons des naturalistes de nos jours, s'il leur
tombait entre les mains quelque écrit de Darwin ou de ses
disciples.

Et l'idée du progrès, quel chemin elle a fait depuis Condorcet ! Cependant les circonstances sont loin d'avoir été favorables. Le commencement de notre siècle a été marqué en
France, et par contre-coup en Europe, par une série de réactions contre l'esprit du xviiie. Tout ce qui venait de la Révolution était battu en brèche. On ne parlait plus que des traditions : tradition politique, tradition religieuse, tradition
philosophique. On restaura la monarchie ; on restaura le
culte ; l'école théocratique essaya même de restaurer la foi.
C'était à craindre que l'engouement pour le passé ne fît
perdre cet estime du présent et cette confiance dans l'avenir,
d'où le siècle précédent avait tiré sa force [2]. Heureusement ce
n'était là qu'un enthousiasme artificiel qui ne pouvait durer.
Si l'esprit d'examen garda quelque temps une attitude réservée, il n'abdiqua pas. L'idée qui avait inspiré l'Esquisse
trouva bientôt, malgré les anathèmes lancés contre l'auteur
par toutes les voix de la réaction, de nouveaux et chaleureux
partisans qui l'adoptèrent et la développèrent avec amour.

[1] Lycée, tome XIV, p. 9 et 10.
[2] Cf. Vacherot, p. 56.

Depuis elle n'a cessé de se préciser, de s'étendre, de se propager : elle est devenue l'idée favorite et dominante de notre
époque.

Mais il faut dire, pour être juste, que Condorcet n'en a pas
été le seul apôtre. Vers le temps où il devait sans doute préparer à loisir les éléments du grand ouvrage qu'il méditait,
l'Allemagne se mettait, avec Lessing, à l'étude du même problème, et inaugurait sur la philosophie de l'histoire cette
longue série de travaux qui s'est poursuivie sans interruption jusqu'à nos jours. Herder, Kant, Fichte, Schelling,
Hégel sont tous, de quelque façon qu'on apprécie leurs
doctrines, des penseurs de premier ordre, qui n'ont abordé
aucune question sans l'éclairer par quelque côté. On leur
a reproché d'avoir été vagues et nuageux dans leurs conceptions, d'avoir mêlé la mythologie et la théologie à l'histoire, d'avoir abusé de la méthode *a priori*, d'avoir fait intervenir dans les faits humains la Providence et la finalité, au
détriment de la liberté ; en un mot, de n'être guère sortis de
l'histoire subjective ou métaphysique [1] ; mais il n'en est pas
moins certain qu'ils ont contribué, pour une large part, aux
progrès qu'a faits depuis un siècle la philosophie de l'histoire.
Aussi profonds dans l'analyse que hardis dans la synthèse, ils
ont soumis à une critique rigoureuse toutes les données de
l'histoire et se sont efforcés d'en reconstruire l'édifice d'après
un plan plus méthodique et sur des bases plus solides. Qui
pourrait compter les points obscurs qu'ils ont mis en lumière, les détails qu'ils ont fouillés, les perspectives nouvelles qu'ils ont ouvertes ? Et, ce qu'il y a de remarquable, c'est
que ces études, en Allemagne, se sont constamment tenues
dans le domaine de la spéculation philosophique, au-dessus
des agitations et de la lutte des partis, tandis qu'en France
les doctrines historiques ont été presque toujours greffées sur
quelque théorie politique ou sociale [2]. C'est vrai de Condorcet
et de l'école théocratique qui l'a combattu ; c'est peut-être
encore plus vrai de Saint-Simon.

[1] Cf. Flint (A.), passim. — Littré, p. 68 et 69. — Fouillée, Rev. phil.,
1er sem. 1880, p. 369 et suivantes.
[2] Cf. Flint (A.), p. 329.

Si Saint-Simon « étudie la marche de l'esprit humain, c'est
pour travailler ensuite au perfectionnement de la civilisation, » c'est pour réorganiser la société. Tel est le but qu'il
s'est proposé dès l'adolescence, lui qui, à 17 ans, se faisait
éveiller par ces mots : « levez-vous, monsieur le comte, vous
avez de grandes choses à faire ; » tel est le but qu'à son lit de
mort il se flatte d'avoir atteint, quand il dit aux confidents
de ses pensées : « 48 heures après notre seconde publication
(du journal le Producteur à la veille de paraître) le parti des
travailleurs sera constitué ; l'avenir est à nous. » Saint-Simon fait la guerre, se livre à des spéculations financières,
voyage, se marie, se ruine en folles dépenses, devient joueur,
gastronome, débauché : tout cela froidement, par esprit de
système, pour connaître tout par expérience, pour acquérir
avant le temps la science du vieillard. On dirait d'un fou,
tout au moins d'un extravagant. Mais qu'on ne s'y trompe
pas : Saint-Simon n'était pas le premier venu. S'il n'avait pas
été un homme de valeur, comment comprendrait-on qu'un
nombre respectable de savants, d'ingénieurs, de médecins,
d'économistes, presque tous esprits d'élite, voués pour la
plupart aux sciences exactes, se fussent ralliés à ses idées.

Pour arriver à son système de régénération sociale, dont
nous n'avons pas à parler ici, Saint-Simon a dû partir de l'é-
tude des sciences et tout particulièrement de la philosophie
de l'histoire. Il a fait des efforts, mais l'éducation scientifique
lui a manqué. Il ne suffit pas de fréquenter les savants comme
il l'a fait, pour être en état d'embrasser d'une seule vue l'ensemble et l'enchaînement des connaissances humaines. Il
avait saisi bien des aperçus, mais il n'en voyait pas clairement les rapports. Il avait peine à faire un choix entre le bon
et le mauvais ; et « souvent, quand il philosophait, une grosse
erreur venait se poser, sans qu'il s'en doutât, à côté d'une notion positive. » Témoin cette idée singulière qu'on peut déduire, d'une manière plus ou moins directe, du principe de la
gravitation universelle l'explication de tous les phénomènes
scientifiques, religieux ou politiques.

En revanche, il abonde en vues ingénieuses et fécondes sur
le développement de l'humanité. Grâce à sa puissance peu

commune d'intuition et de généralisation historiques, il a été
« un prodigue semeur d'idées » qu'un autre, plus habitué que
lui aux déductions vraiment scientifiques, devait faire fructifier. En histoire, il continue l'œuvre de Condorcet ; il prétend « ne rien faire de plus que bâtir sur le fondement constitué par les principes de l'Esquisse. » Condorcet lui semble
avoir raison au fond, malgré quelques erreurs de détail : les
générations successives dépendent et héritent l'une de l'autre;
l'espèce humaine est perfectible ; le progrès est soumis à une
loi; l'avenir peut être induit du passé, où il existe implicitement; l'histoire a pour objet l'espèce humaine, et non l'individu, dont l'étude appartient à d'autres sciences. Et il as-
signe à l'histoire une place nettement définie dans le système
général des sciences. Toutes celles qui traitent de l'homme
rentrent dans la physiologie et se divisent en deux branches :
celles qui s'occupent de l'individu, la biologie pour le corps
et la psychologie pour l'âme ; et celle qui étudie l'homme en
société ou plutôt la race humaine, c'est-à-dire l'histoire, que
Comte a plus tard distraite de la physiologie et constituée à
part sous le nom de *Sciologie*.

Les sciences passent par deux états successifs : elles sont
d'abord conjecturales, puis elles deviennent positives. L'astronomie, par exemple, a remplacé l'astrologie; la chimie,
l'alchimie. Il en sera de même de la physiologie, qui, plus
complexe et plus concrète, n'est pas encore complétement
sortie de la période conjecturale. Ces deux états, il les appelle
le *déisme* et le *physicisme*; et il constate que depuis onze cents
ans le déisme décroît, tandis que le physicisme augmente, à
mesure que des conceptions positives se substituent graduellement et insensiblement aux conceptions théologiques. Ainsi,
en étudiant l'histoire, on voit que l'esprit humain a passé à
travers une succession de phases religieuses : fétichisme, po-
lythéisme, monothéisme ; mais que le moment approche où
il sera tout à fait affranchi de ces illusions subjectives, ce qui
arrivera dès que la physiologie ne s'appuiera plus que sur des
faits observés et prouvés. Pour passer de la théorie de Saint-
Simon à celle de Comte, il suffit d'intercaler l'état métaphysique
comme transition entre l'état théologique et l'état positif.

« Le progrès de la société est soumis aux mêmes lois géné-
les qui s'observent dans le développement individuel de
s facultés, attendu qu'il résulte de ce développement même
nsidéré à la fois dans un grand nombre d'individus. » Con-
rcet, qui fait en passant cette remarque, ne s'y arrête pas
n'en tire aucune conséquence. Mais Saint-Simon s'empare
cette idée, et en fait sortir ce qu'il y a de de plus original
ns son système. Si l'intelligence générale et l'intelligence
dividuelle, se dit-il, se développent d'après la même loi,
udions cette loi dans ses manifestations les plus faciles à
isir, c'est-à-dire dans les procédés rationnels de l'esprit.
, l'esprit suit deux directions alternatives : il monte du par-
ulier au général et il descend du général au particulier : il
isonne *a posteriori* ou *a priori* : il procède par synthèse ou
r analyse. Cette double méthode, que Saint-Simon appelle
Descartes, d'un nom tout à fait inattendu, doit, si le prin-
e de Condorcet est vrai, se retrouver aussi dans la marche
s sociétés. Il doit y avoir dans le cours de l'histoire des
oques de synthèse et des époques d'analyse, autrement dit
s *périodes organiques* et des *périodes critiques*. Les périodes
ganiques sont celles où existe une doctrine universelle-
ent acceptée, un système d'institutions qui satisfait tout le
onde, où la société est comme cimen   par la synthèse
une foi commune. Les périodes critiques, au contraire, sont
lles où les principes, les croyances, les institutions sont
umises à l'analyse et à la critique, où la foi commune s'é-
nt, où la société se désagrège, où l'on aspire à remplacer
qui est par un ordre de choses différent. Ces périodes al-
natives se retrouvent dans l'histoire de tous les peuples
i ont un peu duré. Chez les Grecs, c'est l'époque de So-
te qui sépare la période organique de la période critique ;
ez les Romains, c'est le temps où Cicéron et Lucrèce in-
duisent la philosophie ; la constitution définitive de l'E-
se chrétienne au vi° siècle marque le commencement d'une
velle période organique qui dure jusqu'au xvi° siècle, lors-
les réformateurs et bientôt les philosophes donnent le
nal de la critique continuée jusqu'à l'époque actuelle.

n serait d'abord tenté de comparer ce passage alternatif

d'une période à l'autre avec les ricorsi de Vico ; mais il y a entre les deux théories une différence essentielle. Chaque retour de Vico est marqué par une décadence complète de la civilisation, tandis que, d'après Saint-Simon, le progrès poursuit son évolution à travers la succession des périodes organiques et critiques, et par le fait même de cette succession. Le développement de l'individu profite de l'alternance de la synthèse et de l'analyse ; il en est ainsi du développement de l'espèce.

Saint-Simon s'efforce même d'indiquer avec plus de précision que ses prédécesseurs en quoi consiste le progrès, et comment il se produit. On peut coordonner les faits de l'histoire, malgré leur immense variété, en séries homogènes, de manière à faire ressortir la progression croissante ou décroissante de chacun, par exemple de l'égalité, de la liberté, de la guerre, de l'industrie, de l'autorité, etc. Condorcet a bien vu des faits croissants et décroissants dans la marche de l'humanité ; il a prédit, d'après le passé, et en tenant compte de l'influence de plus en plus grande de la science, le progrès de l'égalité entre les nations, celui de l'égalité entre les membres d'une même nation, et le perfectionnement réel de l'individu. Mais comment ces progrès et ce perfectionnement s'effectueront-ils ? Par la science, dit Condorcet. Mais la science est insuffisante, répond Saint-Simon ; et, pour le prouver, il essaie de mettre en lumière trois grandes séries correspondant aux trois grandes manifestations de l'activité humaine : celle des sciences, produits de l'intelligence ; celle de la religion et des beaux-arts, produits du sentiment ; celle de l'industrie, produit de l'activité physique. Cette division remplit-elle les conditions qu'exige la logique ? L'industrie ne dépend-elle que de l'activité physique ? Les beaux-arts sont-ils le fruit du seul sentiment ? Le domaine de l'intelligence ne s'étend-il pas au-delà des sciences ? Questions embarrassantes que Saint-Simon eût fait prudemment de ne pas provoquer.

Mais ce n'est pas la seule conception hasardée que lui ait inspirée, même en histoire, la tendance systématique de son esprit. On pourrait citer le parallélisme outré qu'il établit entre la vie d'un homme et celle d'une société. Sénèque et Flo-

rus ont pu, sans encourir la censure, personnifier le peuple
romain, parce qu'ils se sont bornés à quelques traits généraux, sans dépasser les limites d'une comparaison ingénieuse ; mais Saint-Simon, qui prétend élever cette figure de rhétorique à la hauteur d'un argument sérieux, tombe dans le
chimérique. — De même son échelle graduée des peuples
d'après leur développement intellectuel est une idée heureuse au fond, mais qu'il compromet en l'exagérant : la série
qu'il cherche à établir n'a rien de scientifique. Il confond
d'ailleurs le domaine de la géographie et celui de l'histoire ;
et, en voulant trop prouver, il ne prouve rien, pas même la
barbarie primitive. Si nous voulions le suivre sur le terrain
des questions sociales, nous trouverions matière à bien d'autres critiques ; mais heureusement notre sujet nous en dis-
pense[1].

Auguste Comte fut d'abord l'élève de Saint-Simon ; mais
bientôt ne pouvant suivre la voie où son maître s'aventurait,
il le laissa aux prises avec les difficultés d'une synthèse impossible et se livra à des méditations toutes personnelles, d'où
devait sortir la *philosophie positive*. Si sa doctrine paraît se
rattacher par une sorte de filiation à celle de Locke et de
Hume, c'est qu'il s'est trouvé dans un courant d'idées que ces
philosophes ont contribué sans doute à établir, mais qui se
serait établi sans eux, par la force même des choses. Après
les conceptions théologiques du moyen âge, après les vues
métaphysiques que la Renaissance emprunta au platonisme,
le temps de l'exégèse positive était venu ; les tendances du
moment y poussaient les esprits. Comte n'eut qu'à suivre
l'impulsion du milieu philosophique où il vivait ; ce qui ne
diminue pas son mérite, car il y a loin encore d'un vague besoin des intelligences à la conception d'un vaste système qui
leur donne satisfaction. « Comte s'est développé par ses propres forces, mais dans un milieu qui tendait de lui-
même à une évolution congénère. » Littré, à qui nous em-

[1] Cf. L. Reybaud ; Études sur les réformateurs, tome I, p. 67-86. —
De Ferron ; Théorie du Progrès, tome I, p. 283-301. — Flint (F.), p. 144-
161. — Littré ; A. Comte : p. 74-97.

prunions ce jugement [1], cherche à démêler ce que l'auteur
de la philosophie positive a reçu du dehors : il ne trouve que
les Discours en Sorbonne de Turgot, l'Esquisse de Condorcet,
la profonde intuition qui présida à la création de l'Ecole Po-
lytechnique, certaines pensées choisies parmi le désordre de
Saint-Simon, et certaines idées du docteur Burdin [2]. Quant à
Comte, il n'avoue lui-même comme précurseurs que Turgot
et Condorcet. Il n'a pas lu les philosophes allemands ; s'il a
connu Kant et Hégel, ce n'est qu'après avoir arrêté d'une
manière définitive les grandes lignes de son système [3]. Ce
n'est pas qu'il prétende avoir découvert quelque chose de
nouveau : le *positivisme* existait avant lui, il le confesse, et il
regarde même les Bacon, les Descartes et les Galilée comme
étant collectivement les fondateurs de ce mode de penser.
Mais il est le premier qui ait tenté d'en faire la systématisation complète et de l'étendre scientifiquement à tous les objets de la connaissance humaine [4].

Rejetant, comme insolubles, toutes les questions qui visent
l'essence des choses et les causes ultimes des faits, il borne
la science à la connaissance relative des phénomènes, c'est-
à-dire des rapports de succession ou de similitude qu'ils ont
les uns avec les autres, et qu'on appelle leurs *lois*. Après une
analyse et une comparaison approfondie de tous les phénomènes réels, il en a trouvé sept catégories irréductibles, qui
donnent lieu à autant de sciences : les mathématiques, l'astronomie, la physique et la chimie, qui ne s'occupent que du
monde inorganique ; la biologie, qui a pour objet les êtres
vivants ; enfin deux autres qui sont relatives aux phénomènes humains : la sociologie, qui les étudie d'une manière collective, et la morale, d'une manière individuelle. Telle est la
fameuse *série des sciences* de Comte. Elle va des phénomènes
généraux et simples aux phénomènes spéciaux et compliqués.
Les mathématiques, par exemple, étudient le nombre seul

[1] A. Comte ; page 74.
[2] Idem : page 98.
[3] V. une lettre du 10 déc. 1824 à M. D'Eichthal, citée par Littré,
p. 153-158.
[4] Cf. Stuart Mill ; A. Comte : 1res pages.

dans l'arithmétique et l'algèbre ; le nombre et l'étendue dans
la géométrie ; le nombre, l'étendue et le mouvement dans la
mécanique. Si nous passons à l'astronomie, nous trouvons un
élément nouveau, la gravitation ; et ainsi de suite, jusqu'aux
sciences qui occupent le haut de l'échelle et qu'il appelle *supérieures*. — Comte est mort sans avoir eu le temps de cou-
ronner son œuvre ; il n'a laissé que le plan de sa morale avec
des indications éparses dans ses divers écrits. Il s'est arrêté
après la sociologie, qui est restée comme la conclusion,
comme la clef de voûte de son système. C'est même en vue
de cette science qu'il entreprit son immense travail de systématisation générale, « systématisation qui, n'eût-il rien fait
d'autre, l'aurait désigné à tous les esprits compétents pour
apprécier cette œuvre, comme un des principaux penseurs
du siècle [1]. »

La sociologie se divise en deux parties : la *statique* sociale, qui étudie les parties essentielles de l'organisme collectif, les institutions mères et les appareils fondamentaux qui
servent de base à l'existence sociale : la propriété, la famille,
le langage, le gouvernement, etc. [2] ; et la *dynamique* sociale,
qui s'occupe du développement des différents groupes humains à travers les âges, et qui n'est que l'histoire envisagée
comme partie d'une science plus étendue. Nous avons dit de
tout temps *corps* de nation, *corps* social : mais, avant A.Com-
te, ce n'était là qu'une métaphore. Pour lui, au contraire,
une société est un *organisme* réel dont le développement, analogue à celui des êtres vivants, prend le nom caractéristique
d'*évolution*. Quand on observe l'histoire, on constate d'abord
un changement continu et varié, suivant les temps et les
lieux, des divers éléments qui constituent les sociétés et des
institutions qui les dirigent. Puis on peut remarquer que cette
variété et ces changements sont subordonnés à quelque loi ;
qu'ils se produisent toujours dans le même sens et dans le
même ordre de succession ; enfin, qu'un progrès incessant est
la conséquence de cette évolution. Ce progrès consiste toujours dans l'accroissement de nos attributs humains compara-

[1] St. Mill, p. 53.
[2] V. Robinet, p. 123.

11

tivement à nos attributs animaux et purement organiques ;
ou, suivant l'expression de Comte lui-même, dans l'ascen-
dant croissant de notre humanité sur notre animalité, d'a-
près la double suprématie de l'intelligence sur les penchants, et de l'instinct sympathique sur l'instinct personnel. »

Mais, comme nos facultés les plus éminentes, les plus humaines, sont d'ordres différents et nous poussent en sens divers, le progrès n'est possible qu'autant que l'une d'elles
exerce sur les autres une influence prépondérante. C'est ce
qui a lieu : il y a une faculté dirigeante, l'intelligence. Ré-
duite à sa force immanente, l'intelligence est sans doute l'une
de nos facultés les plus faibles ; mais les autres ont besoin
d'elle pour obtenir leur *maximum* de satisfaction et finissent
toujours, bon gré mal gré, par se laisser entraîner à sa suite
et se faire ses auxiliaires. C'est ainsi qu'elle est le principal
agent du progrès. Le progrès, à son tour, rend la tâche de
l'intelligence plus facile et augmente de plus en plus son empire : ce qui revient à dire que le progrès, à mesure qu'il se
fait, facilite et multiplie les moyens de progresser davantage.

On peut remarquer que jusque là Comte et Condorcet sont
parfaitement d'accord ; mais ici commence la divergence :
Comte va se rapprocher de Turgot. Les passions tendent à
diviser les hom...s ; pour les unir, il faut une croyance commune. Mais que croire, quand l'intelligence est encore incapable de coordonner les observations isolées et confuses qu'elle
a pu faire ? Au début de l'évolution sociale, l'esprit humain
s'est trouvé en face d'une difficulté qui eût été sans issue, sans
le secours de la méthode subjective qui permit de donner immédiatement une apparence de satisfaction au besoin inné de
croire et de comprendre. « Cette philosophie initiale est nécessairement fictive et par suite uniquement provisoire. Elle
institue entre la théorie et la pratique un antagonisme continu, qui ne doit se terminer que dans l'état positif [1], » mais
qui se modifie graduellement et toujours d'après la même loi,

---

[1] Comte, catéchisme positiviste.

la loi dite des *trois états*. Quelle longue et laborieuse période que cette période de préparation, qui commence avec la série des conceptions subjectives, et se prolonge, à travers mille péripéties, jusqu'à la rénovation de l'entendement humain par le triomphe définitif et complet de la vraie méthode scientifique! Chaque fois que l'esprit éclairé par l'expérience a voulu rectifier les idées primitives dans le sens de la réalité, des malaises et des perturbations se sont fait sentir. Cependant la place laissée aux anciennes opinions est allée se rétrécissant peu à peu; et, quand enfin l'on a connu le monde et découvert la loi de l'évolution, mais alors seulement, il s'est produit dans le système des vieilles doctrines un ébranlement assez grand pour en déterminer la ruine. Mais, au jugement de Comte, cette rénovation ne pouvait se faire sans l'établissement d'une doctrine nouvelle qui embrassât l'ensemble du savoir. Voilà pourquoi il estime que toute tentative d'une nouvelle conception de l'ordre social devait nécessairement avorter avant l'avènement de la philosophie positive[1]. On peut remarquer en passant que Comte n'est guère modeste quand il se compare à ses devanciers. Mais quiconque a découvert quelque aspect inconnu de la vérité n'est-il pas naturellement porté à s'imaginer qu'avant lui l'on n'a pu que faire fausse route, et qu'après l'on sera forcé de marcher sur ses traces. Ce que Comte dit de Turgot et de Condorcet, M. Renouvier, quelques années plus tard, le dira à son tour d'Hégel et de Comte lui-même[2]; ce qui n'empêchera pas l'évolution historique d'être une puissante conception.

L'idée des trois états est moins neuve, moins propre à Aug. Comte; mais il l'a rajeunie et faite sienne en lui donnant une portée qu'elle n'avait jamais eue. Restée jusqu'à lui à l'état de vue isolée, sans prérogative historique, sans aboutissement supérieur, elle devient, dès qu'il l'a saisie, la loi fondamentale de l'évolution humaine, l'idée maîtresse de son système et comme le couronnement de sa philosophie[3]. — Quel que soit l'objet de la pensée humaine: qu'il s'agisse de

[1] Cf. Littré, p. 461.
[2] 4e Essai, p. 691.
[3] Cf. Littré, p. 100.

l'homme ou du monde, de l'individu ou de la société, de l'ensemble de l'univers ou d'un ordre particulier de phénomènes ; il y a trois manières de comprendre les choses, autrement dit trois modes de philosopher, qui furent presque contemporains à l'origine, mais qui se sont développés avec une si grande différence de vitesse, qu'on peut les considérer comme successifs. La philosophie théologique arrive la première à son apogée ; puis c'est la philosophie métaphysique, et, en dernier lieu, la philosophie positive. L'esprit humain commence par attribuer les faits à des volitions surnaturelles : ensuite il les explique par des forces abstraites, inhérentes aux choses concrètes dans lesquelles elles résident à l'état d'essences distinctes ; enfin, s'apercevant qu'il poursuit une connaissance inaccessible, il cesse de s'enquérir de la cause première de ce qu'il voit, et se résigne à ne savoir que ce que l'observation et l'expérience peuvent lui apprendre de positif sur les phénomènes et sur leurs rapports de coexistence, de similitude ou de succession. Tels sont les trois états de l'esprit. Prenons un exemple : la foudre, dans l'état théologique, est regardée comme l'instrument des vengeances célestes ; elle devient, dans l'état métaphysique, l'action des fluides électriques. Le philosophe positif ignore son essence intime ; il sait seulement que c'est la répétition en grand d'une expérience qu'il peut faire en petit dans son laboratoire, aussi souvent qu'il le désire, en mettant en contact deux corps, différemment électrisés ; et il en sait assez pour être en état, dans la plupart des cas, de prévoir ses effets et de détourner ses ravages [1]. — Et ces conceptions de la philosophie, quelque abstraites, quelque transcendantes qu'elles soient, ne sont pas sans influence sur la vie morale, ni même sur la vie matérielle des sociétés. La manière générale dont les hommes conçoivent l'univers communique son caractère à toutes leurs conceptions de détail. Il y a eu simultanément à travers l'histoire, dans le département purement temporel des choses, un mouvement parallèle à celui des théories philosophiques. Par exemple, le déclin graduel de la vie militaire, qui fut à l'ori-

[1] Cf. Robinet, p. 15 et 16.

gine l'occupation de tous les hommes, correspond au déclin de l'exégèse théologique et le progrès de l'industrie est corrélatif à celui de la science positive.

Comte ne se borne pas à établir ces propositions comme premiers principes de la dynamique sociale ; il les vérifie et les prouve par les faits dans une revue de l'histoire universelle, qui passe pour l'une des parties les plus remarquables de son œuvre. Il y a entre l'Esquisse de Condorcet et la revue historique de Comte une différence sensible, mais qui s'explique facilement par la différence du point de vue auquel ils se sont placés. L'un, ne voulant que constater la corrélation constante du développement scientifique et du progrès de la civilisation, prend les événements humains dans l'état concret où les historiens les lui présentent ; c'est à peine s'il se permet de les grouper, de les résumer ou de les expliquer suivant les besoins de son argumentation. L'autre veut prouver en outre que l'état mental de l'humanité a passé par trois phases successives; et, pour cela, il est obligé d'analyser les faits, de s'occuper des idées beaucoup plus que des hommes, de faire une histoire abstraite, où les grands peuples et les grandes individualités n'apparaissent qu'incidemment et tout à fait au second plan, tandis que l'on ne perd pas de vue un seul instant l'esprit humain, qui est devenu le héros principal de l'histoire, et dont on suit l'évolution progressive depuis le fétichisme initial jusqu'à la philosophie positive.

Les disciples de Comte prétendent que, si l'on peut relever dans cette revue de l'histoire quelques inexactitudes, quelques fausses vues, quelques jugements précipités, on n'y trouve point d'erreurs fondamentales. Est-il besoin de dire que tel n'est pas l'avis de ses adversaires? Non-seulement ceux-ci lui reprochent et son esprit de système, et son amour excessif de la réglementation, et son ignorance de l'histoire grecque, et son dédain pour l'économie politique, et d'autres défauts encore ; mais ils vont jusqu'à contester la loi des trois états. Pourquoi, dit-on, ne s'est-il pas contenté, comme Saint-Simon, de reconnaître seulement deux états, entre lesquels le prétendu état métaphysique ne doit être regardé que comme une transition sans importance ? — Il fait trop grande aussi la part de l'esprit théologique. Les trois états qu'il présente comme successifs, ont coexisté dès l'origine : l'homme n'a pu vivre qu'à la condition d'être positif tout d'abord. Si l'humanité avait commencé comme Comte le prétend, tout progrès eût été impossible. — Si ces objections sont fondées, il faut revenir à la thèse de Condorcet et ne voir dans l'histoire du genre humain qu'un *processus* unique, dont l'intervention de l'esprit théologique a gêné la marche et troublé la régularité.

Que la philosophie générale de Comte ait donné lieu aux appréciations les plus diverses, les plus extrêmes : rien de plus naturel. Sa vie de penseur se divise en deux périodes si différentes, si contradictoires, que les partisans les plus résolus de la Philosophie positive ont été les premiers à protester contre la méthode et les théories de la Politique positive et des ouvrages qui suivirent. Après avoir rompu avec Saint-Simon, A. Comte est retombé, sur la fin de sa vie, dans la voie aventureuse où il avait d'abord refusé de suivre son maître. Si l'on prend ensemble les deux parties de sa carrière philosophique, et si l'on admet, avec M. le docteur Robinet, qu'il a eu en vue dès le début les conclusions développées dans ses derniers ouvrages, on est tenté de ne voir en lui qu'un génie fourvoyé, dont les idées réactionnaires contrastent tristement avec les aspirations libérales et humaines des Quinet et des Michelet. Cependant, quelque sévère qu'on puisse être pour cette étrange évolution de sa pensée, il est juste de remarquer, avec M. Stuart Mill [1], qu'il a dans la première édification de son système « déployé une quantité de puissance mentale, et atteint une somme de succès, qui lui ont non-seulement gagné, mais encore conservé la haute admiration de penseurs aussi radicalement et aussi vivement opposés que possible à presque toutes ses dernières tendances, et à beaucoup de ses premières opinions [2]. »

Faire école, et compter parmi ses disciples des Littré et

[1] Pages 3 et 4.
[2] Cf. Littré, — Stuart-Mill, — Flint (F.), — Robinet, etc.

des Stuart Mill, c'est déjà un succès remarquable ; mais trouver tout de suite, en dehors du groupe qu'on inspire, et malgré les démentis qu'on a soi-même donnés à sa méthode, des partisans déclarés et des continuateurs de génie : c'est une gloire que fort peu de philosophes ont partagée avec A. Comte. — Que de chemin a fait, en quelques années, la doctrine de l'évolution ! Par une coïncidence, qui n'est point un simple effet du hasard, elle a été appliquée presque en même temps aux événements de l'histoire, à la science naturelle, et aux phénomènes de l'univers entier. Vers l'époque où l'auteur de la Philosophie positive achevait son œuvre, Darwin et M. Herbert Spencer commençaient la leur : l'un, reprenant après de longues observations l'idée féconde de Lamarck, en faisait sortir sans effort la théorie du *Transformisme* [1], une des conceptions les plus hardies de notre siècle, l'autre, généralisant la loi que Comte avait constatée dans l'histoire des hommes et Darwin dans l'histoire naturelle, expliquait par l'*évolution*, qu'il étudiait sous ses différents aspects et dont il analysait les procédés, tous les faits sans exception qui ressortissent de nos sciences les plus diverses. — C'est dans les *Premiers principes* que M. H. Spencer a exposé son système ; mais il avait déjà, quand ce livre parut, fait connaître ses idées en publiant dans diverses Revues anglaises un certain nombre d'articles détachées, dont l'un, consacré spécialement à la question du *Progrès*, a pour nous un intérêt tout particulier. Au jugement de l'auteur, ce n'est qu'une grossière esquisse de sa théorie de l'évolution ; mais, telle qu'elle est, elle contient en germe, et sous une forme plus simple, ce qu'il y a d'essentiel dans sa doctrine.

Qu'est-ce que le progrès ? se demande-t-il d'abord. L'idée qu'on s'en fait communément n'a pas le seul défaut d'être vague ; elle est fausse à bien des égards, elle est *cause-finalière* : c'est moins au progrès lui-même, qu'à ses résultats bienfaisants qu'elle s'attache. Pour bien entendre le progrès, il faut en chercher la nature essentielle en faisant abstraction de nos intérêts, et en détournant notre vue de tout acci-

---

[1] Cf. Carrau ; Études sur la théorie de l'Évolution.

dent concomitant. Commençons par nous rendre compte de ce qui se passe dans les organismes individuels au cours de leur évolution. Prenons une graine qui devient un arbre, un œuf qui devient un animal. A l'état primitif, nous ne voyons qu'une substance absolument uniforme, tant pour la contexture que pour la composition chimique. Bientôt apparaît une différence entre deux portions de cette substance ; puis chacune de ces portions différenciées commence à son tour à révéler des contrastes entre ses parties ; les contrastes grandissent et se multiplient ; et, a la suite d'une infinité de *Différenciations* semblables, il se produit enfin cette combinaison complexe de tissus et d'organes, qui constitue l'animal ou la plante adulte. Le *progrès*, ou l'*évolution*, car ces mots sont synonymes pour M. Spencer, consiste donc ici dans le *passage de l'homogène à l'hétérogène* par voie de différenciations de plus en plus multiples. Or, cette loi du progrès organique est la loi de tout progrès. « Qu'il s'agisse du développement de la terre, du développement de la vie à sa surface, du développement de la société, du gouvernement, de l'industrie, du commerce, du langage, de la littérature, de la science, de l'art, toujours le fond en est cette même évolution qui va du simple au complexe, à travers des différenciations successives [1]. » Pour vérifier cette loi, l'auteur l'applique au progrès astronomique, selon l'hypothèse de la nébuleuse, au progrès géologique, au progrès zoologique, au progrès de l'espèce humaine, au progrès social, au progrès du langage et des arts. C'est une revue rapide, mais substantielle, aussi originale qu'intéressante, où les remarques ingénieuses se mêlent aux vérités de la science et leur donnent du relief.

L'universalité de cette loi ne suppose-t-elle pas une cause universelle ? Sans chercher à pénétrer dans le domaine de l'*Inconnaissable*, n'est-il pas permis de réunir toutes les évolutions variées et complexes, qui de l'homogène tirent l'hétérogène, en les rattachant à quelque principe général, qui pourra en être regardé comme la cause. On sait d'avance quels doivent être les principaux caractères d'une telle cause,

[1] Page 6.

et dans quelle direction il faut la chercher. Elle sera nécessairement très-générale, très-abstraite, et en rapport avec quelque attribut commun aux diverses espèces de progrès. Or, toutes les sortes de progrès étant des modes du changement, l'explication du progrès doit être dans quelque loi du changement[1]. Cette loi, M. H. Spencer l'énonce ainsi : *Toute force active produit plus d'un changement ; — toute cause produit plus d'un effet*[2].

Pour montrer la multiplication des effets dans les divers ordres de phénomènes, l'auteur passe encore une fois en revue l'univers entier : il invoque les données de la science et de l'histoire, les conséquences visibles de certaines inventions modernes, les effets de la division du travail ; il hasarde plusieurs hypothèses saisissantes, dont il analyse les conséquences évidentes ; et, si ces preuves ne lui paraissaient pas suffisantes, il pourrait accumuler sans fin les exemples pour établir d'une manière indubitable cette règle universelle, que l'effet est plus complexe que la cause. De là, cette complication croissante des choses, cette variété de ramifications de plus en plus multipliées que nous offre le spectacle du monde. Qui pourrait dire, qui oserait calculer ce qu'une seule force a dû faire depuis le commencement, étant admis qu'elle a produit d'autant plus d'hétérogénéité, que le champ sur lequel elle s'est exercée est devenu plus vaste et moins homogène ? Car la multiplication des effets croît en proportion géométrique, à mesure qu'augmente l'hétérogénéité. Introduisez, par exemple, la télégraphie dans l'une des Hébrides, là où vit une petite société tout homogène ; à peine si elle y amènera quelques légères modifications dans la vie des habitants : introduisez-la, au contraire, dans un pays comme l'Angleterre, où l'hétérogénéité s'est développée et ramifiée dans tous les sens : elle y produira des changements sans nombre : ce sera une vraie révolution dans la politique, dans le commerce, dans les coutumes, dans les mœurs.

Et, si l'on songe à la multitude de forces diverses qui sont en jeu à la fois, qui agissent et réagissent sans cesse les unes

[1] Cf. Paulhan, Revue scientifique, 11 mai, 1878.
[2] Page 43.

sur les autres, et dans le monde organique, et dans le monde inorganique : forces astronomiques, géologiques, physiques, chimiques, physiologiques, sociales, morales, artistiques, etc. ; comment se faire une idée de la prodigieuse multiplicité des effets que tant de causes ont dû produire depuis l'origine, et doivent continuer à produire indéfiniment ? Car le progrès que conçoit M. Spencer n'est pas seulement dans le passé, il est aussi dans l'avenir ; il n'est pas seulement universel, il est indéfini, ou, pour mieux dire, infini. Si notre soleil se refroidit, si notre monde doit se dissoudre, qu'importe ? La chaleur perdue par nos astres ne s'anéantit point, l'éther environnant l'emmagasine et la restituera tôt ou tard ; une série sans fin d'évolutions nouvelles suivra celle à laquelle nous assistons. L'univers se transforme sans cesse ; il est, pour employer l'expression heureuse d'Héraclite, dans un devenir perpétuel. La perspective immense de progrès et de perfections que cette théorie nous fait entrevoir dépasse tout ce que l'imagination la plus puissante pourrait rêver : Condorcet en serait lui-même ébloui, ou plutôt effrayé, car ce dernier mot du philosophe anglais bouleverserait toutes ses idées : « Le progrès n'est pas un accident, ni rien qui tombe sous le pouvoir humain, mais une nécessité bienfaisante [1]. »

Il s'est élevé, en France surtout, contre ce fatalisme anglais où disparaît toute liberté, toute initiative, toute vertu humaine, de vives et nombreuses protestations que nous n'essayerons pas d'énumérer. M. F. Bouillier notamment se moque avec une certaine causticité de ces philosophes ou ou plutôt de ces illuminés, qui ont la prétention de suivre les phases du progrès par delà cette terre et par delà l'humanité [2]. Mais il a poussé trop loin sa réfutation : des exagérations manifestes détruisent l'effet des bonnes raisons qu'il donne ; l'on sent d'ailleurs percer dans son livre je ne sais quel chagrin contre le temps présent. Certainement ils ont tort, ceux qui veulent réduire la vie et le progrès à certaines

[1] Page 76.
[2] V. Mor. et Prog. p. 7, 8 et suiv.

conditions mécaniques ; mais il faut reconnaître aussi que les habitudes, le milieu, l'éducation influent beaucoup sur nos déterminations et que le mérite d'une bonne résolution varie suivant les temps et les circonstances. « La liberté de l'homme, comme le dit fort bien M. Compayré[1], n'est pas absolue, tant s'en faut : nous ne nous déterminons que d'après nos idées, et il ne dépend nullement de nous d'avoir des idées contraires à celles que nous ont faites nos habitudes et notre éducation. » Ne nous imaginons pas que la liberté humaine puisse faire des miracles et introduire dans la suite des événements des solutions de continuité. « L'histoire alors serait quelque chose d'instable et de précaire ; elle dépendrait du caprice des hommes ; elle serait comme une suite de coups d'État prononcés par une volonté indéterminée que rien ne limiterait. Il ne faut pas, pour avoir voulu arracher l'histoire à la foi aveugle du destin, la précipiter dans les hasards d'une liberté sans règle. » L'auteur de l'*Uchronie*, M. Renouvier, paraît à l'écrivain que nous venons de citer avoir énergiquement affirmé le libre arbitre, sans tomber dans l'exagération dont ne savent pas toujours se défendre ceux des partisans de la liberté que M. Cournot appelle quelque part les *molinistes de l'histoire*. L'Uchronie est une fiction historique, mieux ordonnée, plus conséquente et plus logique que l'histoire réelle. Les accidents qui ont détourné le cours régulier des choses y ont été supprimés par hypothèse ; la marche générale des principaux événements, débarrassée des gros obstacles, a été plus directe, plus rapide ; mais elle a abouti à peu près au même but. Qu'a voulu montrer l'auteur, sinon qu'il y a dans les destinées de l'humanité « des parties nécessaires, voulues par la raison universelle, placées enfin dans une région inaccessible aux atteintes de notre libre arbitre. Cependant, ajoute M. Compayré, l'Uchronie est la protestation la plus vive que je connaisse contre le fatalisme historique sous ses diverses formes[2]. »

[1] Rev. philosoph. 2e sem. 1876, p. 298-301.
[2] Idem.

Mais l'Uchronie n'est pas l'ouvrage de philosophie historique le plus important de M. Renouvier. Dans son *Quatrième Essai*, il expose d'une manière plus nette et plus explicite sa doctrine sur ce sujet. C'est une *Introduction à la philosophie analytique de l'histoire ;* c'est une étude métaphysique où l'auteur cherche, sans tenir compte du temps ni de l'espace, quels ont dû être les commencements de l'histoire de l'homme moral.

La philosophie de l'histoire a fait jusqu'ici fausse route. Longtemps dédaignée de la métaphysique et de la morale, elle est restée à la merci des systèmes. Une critique encore bien insuffisante et trop souvent négative a été appliquée à l'étude des commencements de l'humanité. Les problèmes difficiles ont été vicieusement simplifiés ; les données capitales, qui permettent d'aborder la question par induction, ont été méconnues. Hégel et Comte ont traité l'histoire comme Eudoxe et Ptolémée traitaient l'astronomie avec leurs sphères idéales [1]. — Les théories des métaphysiciens sur les questions fondamentales de l'existence du mal et du libre arbitre ne sont pas non plus exemptes de toute critique. Prenons, par exemple, les Cartésiens. Le mal moral n'était pour eux qu'un défaut de connaissance dans l'exercice de la liberté : il n'y aurait point de mal, si la liberté ne fondait ses décisions que sur l'évidence. Mais ils ne remarquent pas qu'il est souvent nécessaire de prendre un parti sans que l'évidence soit possible ; que souvent aussi les biens entre lesquels il faut opter ne peuvent être comparés. Et même, en supposant qu'ils fussent toujours de même nature, qu'ils ne différassent jamais entre eux en proximité, en clarté, en généralité, en intérêt, etc., s'ensuivrait-il que les philosophes qui raisonnent ainsi dussent être regardés comme des partisans du libre arbitre aussi sérieux qu'ils le paraissent ? Si l'on admet que la clarté croissante de l'entendement entraîne la détermination croissante de la liberté, ou ne peut qu'aboutir au déterminisme [2].

M. Renouvier est plus sévère encore pour l'école alle-

[1] Page 694.
[2] Cf. p. 39-41.

mande. Il compare Schelling aux bouddhistes [1] ; et, un peu plus loin, parlant de Fichte : « N'oublions pas, dit-il, qu'il appartient au cycle allemand, j'ai presque dit au cycle indien. » Il n'épargne même pas la théorie de Kant, bien que la sienne semble avoir quelque analogie avec elle. Mais le philosophe de Kœnigsberg emprunte les récits de la Genèse « en guise de carte pour le guider sur sa route, » et croit à la chute initiale. Prenant l'Héden pour le symbole de la vie instinctive qui a précédé l'éveil de la raison, il pense qu'en passant de cet état de nature à l'état de liberté l'homme est tombé dans des vices et des maux étrangers à son premier état d'ignorance et d'innocence, ce qu'il regarde comme une chute morale réelle, du moins pour l'individu, car l'espèce, dont la vocation est de s'avancer sans cesse vers la perfection, ne pouvait progresser sans acquérir, à quelque prix que ce fût, la raison et la liberté. L'auteur du Quatrième Essai voit là deux erreurs graves, capitales : d'abord la distinction que Kant introduit entre l'individu et l'espèce est arbitraire ; ensuite il n'est pas soutenable que l'homme ait fait une chute en passant de l'état d'instinct pur à l'état de raison. De brute qu'il était, il est devenu conscient et libre. Fît-il mauvais usage de sa liberté, qu'il serait encore supérieur en nature morale à l'être inconscient qui fait le mal sans s'en douter [2].

Pour lui, il ne croit pas à la brutalité originelle. La liberté morale est dans l'essence même de l'homme. L'état de nature, l'innocence primitive est une fiction, ou plutôt une abstraction. Il n'y a pas de pure ignorance morale ; si l'on emploie ce mot, c'est pour envisager plus clairement le développement moral, en partant d'un zéro de moralité [3]. — Il n'a pas besoin non plus, pour comprendre l'histoire, de supposer l'intervention divine, ni la révélation. « Ne faisons point descendre un Dieu, dit-il, pour nous imposer des devoirs, qui ne peuvent exister comme tels qu'autant que la conscience les ratifie [4]. »

[1] Page 47.
[2] Pages 12-15.
[3] Cf. p. 15
[4] Page 97.

Le mal est dans le monde et fait obstacle au progrès : comment expliquer sa présence ? Telle est la question fondamentale que l'auteur du Quatrième Essai se propose de résoudre. L'homme n'est originairement ni bon, ni méchant : il est innocent, il est peccable. Le vrai bien et le vrai mal ne se produisent en lui que par l'exercice de sa liberté. Le mal ne le tente jamais comme mal ; mais un bien qu'il poursuit ne pouvant s'atteindre souvent qu'au détriment d'un autre bien, chacun de ces biens paraît un mal à l'égard de l'autre. La conscience est tenue alors de choisir en se déterminant. La liberté a pu intervenir dans les moments de la délibération même la moins sensible et la plus fugitive : la personne a déjà du mérite, ou déjà elle a failli. Les actes accumulés ont déjà commencé l'habitude, et, avec l'habitude, le vice ou la vertu [1]. Si nous analysons le mal initial dans une conscience ou dans un milieu aussi élémentaire que possible, nous trouvons déjà, en regard l'un de l'autre, deux hommes différents : l'un, capable d'efforts sur lui-même et de retenue, et déjà investi d'une certaine habitude de consulter le bien d'autrui et le devoir ; l'autre, violent, intempérant, paresseux, prêt à l'injustice. Cette opposition a dû être originairement plus grande que nous ne pouvons l'imaginer aujourd'hui. Avec nos sociétés réglées et nos populations très-denses, sur lesquels agissent de toute part des mobiles plus influents, plus variés, nous ne pouvons guère nous faire une idée de l'état primitif de liberté indéfinie, dont aucune loi, aucune expérience, aucun précédent ne gênait l'indépendance [2].

L'action de la solidarité se fait sentir peu à peu. Il y a d'abord la solidarité personnelle. Les actes antécédents, avec les habitudes qui en procèdent, influent beaucoup sur les déterminations subséquentes. Une fois lancé dans une voie, l'individu n'en peut sortir qu'au prix d'efforts d'autant plus grands qu'il s'y est engagé davantage. — La solidarité de la famille précède la solidarité personnelle, et exerce sur les premières déterminations de l'être qui s'élève à la vie morale

[1] Cf. p. 56 et 57.
[2] Cf. p. 73 et 74.

une influence, peut-être faudrait-il dire une pression considérable. Les penchants, les vertus et les vices se transmettent dès le berceau par voie d'imitation et de tout ce qu'on peut réunir sous le nom d'éducation ; car la volonté même est susceptible d'enseignement, quoiqu'il n'existe pas de faculté plus intime, plus personnelle [1]. — Kant condamne énergiquement l'opinion qui représente le mal comme un legs de nos premiers parents ; mais il fait une confusion. La faute et le mérite sont personnels et imputables à l'agent seul, sans doute ; mais le bien et le mal ont des conséquences que l'observation n'a pas de peine à constater ; conséquences physiques et conséquences morales, qui réagissent les unes contre les autres et se transmettent aux générations successives, plus ou moins modifiées du fait de chacun de nous. Il en résulte que le bien et le mal laissent en héritage un penchant à faire le bien ou à faire le mal : c'est en cela que consiste la solidarité dans l'ordre de la famille [2]. — Il y a encore un autre degré de solidarité, dont l'action est incomparablement plus étendue, c'est la solidarité sociale, c'est-à-dire « le lien résultant de l'ensemble de ces mobiles d'un acte libre, qui se rattachent aux actes extérieurs répétés et habituels dans une société donnée, et aux maximes autorisées, et aux institutions et coutumes dont l'expérience et la répétition même sont les sources [3]. » Chaque membre d'une société quelconque est enlacé, dès l'enfance, dans un réseau d'influences qu'il subit, à son insu, dans tous ses actes, à chaque instant ; et, plus les mœurs, les opinions, les institutions du milieu où il vit sont factices, absurdes et compliquées, plus sa liberté morale est à l'étroit.

La solidarité ne supprime pas la responsabilité de l'agent libre, mais elle réclame et absorbe une part de tout mérite et de tout démérite, et doit compter en moins de la vertu et des fautes [4]. La liberté humaine est ainsi singulièrement amoindrie, non dans son essence et dans son acte, mais en

[1] Cf. p. 75 et 76.
[2] Cf. p. 29 et 30.
[3] Page 33.
[4] Page 34.

ce sens que le champ où elle se déploie est devenu factice, de naturel qu'il était, et s'est resserré en bien ou en mal à l'égard des actes soumis à une délibération sérieuse [1].

Ici se présentent deux phénomènes nouveaux : l'un rétrécit plus que jamais le champ de la liberté, l'autre l'agrandit et tend à le restituer tout entier : c'est la religion et la philosophie, en tant que celle-ci se propose l'émancipation de l'esprit. Sous l'influence de ces deux forces contraires, l'humanité entre dans une phase nouvelle. Les croyances et les pratiques religieuses, développées dans des directions que déterminent les passions et les mœurs, réagissent sur les faits moraux d'où elles sont nées et leur rendent autant de force qu'elles en ont reçu. Mais les spéculations rationnelles et la recherche consciencieuse de la vérité, partout et autant qu'elles peuvent naître et se répandre, rendent les hommes plus maîtres de leur raison [2]. La religion est bien plus ancienne que la science. Elle a présidé à la formation des premières sociétés et elle les a constituées. Les institutions primitives furent grossières, comme la religion qui les inspira : car « la religion est une sorte de mesure de la moralité d'un peuple [3]. » A quelles lois monstrueuses ont dû obéir les nations vouées au bas fétichisme et à des pratiques hideuses, telles que la sorcellerie, les sacrifices humains, l'anthropophagie ! Détournons les yeux de cet affreux spectacle et cherchons par quelles phases religieuses, politiques et morales ont dû passer la plupart des races humaines avant l'avènement de la science.

La différence de force et d'intelligence a presque partout donné naissance, dès l'origine, à l'inégalité sociale. Bientôt les uns trouvent autour d'eux la place occupée et les rangs serrés ; les autres, dont les places sont « retenues et gardées d'avance, » sont infailliblement amenés, pour les conserver plus sûrement, à soumettre la foule des déshérités à la loi de leur bon plaisir. Ainsi un abîme est creusé entre la justice universelle et la sphère des obligations positives. Deux par-

[1] Page 77.
[2] Cf. p. 76, 77 et 78.
[3] Page 731.

tis politiques se dessinent aussitôt : le parti conservateur et
le parti du progrès. L'un prêche la soumission à l'état de
choses établi, comme la règle la plus sûre, à tout prendre,
et la plus respectable : mauvais moyen, qui ne saurait maintenir un *statu quo* réel, et conduit directement à l'invasion
des abus et à leur consécration par le temps. Le second parti
revendique, au nom de la justice, l'égalité des droits et des
devoirs pour tous les membres du corps social. Mais ici se
produit une scission inévitable : les uns, tout en tendant à la
justice de tous leurs efforts, sont d'avis qu'il faut aller lentement et prudemment au progrès, sans rien brusquer, sans
violer les conventions sociales en vigueur, sans heurter les
habitudes prises, à moins qu'elles ne paraissent contraires à
des droits naturels inamissibles. Les autres, au contraire,
s'élancent avec fougue par-dessus les obstacles à l'assaut de
la justice pure. Or il arrive souvent que les opportunistes et
les intransigeants, comme nous dirions aujourd'hui, com-
promettent également leur cause, ceux-ci par impatience,
ceux-là par excès de circonspection [1]. — Cependant le désir
et le besoin d'un changement se fait sentir et se généralise
de plus en plus ; la foule elle-même conçoit un ordre de
choses préférable à l'ordre existant ; l'on s'accorde dans un
idéal ; l'on s'agite, l'on se passionne : une révolution éclate.
Alors de deux choses l'une : ou l'autorité traditionnelle triomphe et reporte violemment la société en arrière ; ou l'insur-
rection victorieuse lui fait faire un pas en avant. Dans ce
cas, un progrès s'accomplit, rarement sans désordre et sans
horreurs, mais enfin pour le bien des générations futures
« et surtout pour la satisfaction de l'immuable justice, qui,
toujours présente à l'esprit humain, entre progressivement
dans les faits, à mesure que le mal démasqué recule devant
elle [2]. »

Certaines familles humaines s'effraient de ces luttes et de
ces vicissitudes, où peuvent d'un jour à l'autre sombrer leur
liberté. Moralement mieux douées que les autres, elles ai-
ment mieux vivre isolées, nomades, que de se voir obligées

[1] Cf. p. 107 et 108.
[2] Page 110.

de subir d₋s institutions que réprouve leur conscience. Il
y a eu, dans les temps les plus anciens, temps de liberté naturelle, et il s'est trouvé à toutes les époques des hommes
fortement trempés dans le sentiment de la justice, qui ont
protesté, en émigrant avec les leurs, contre les tendances
mauvaises du milieu où ils vivaient, et ont porté intacts sous
d'autres climats, le plus souvent sur un sol vierge encore,
leurs principes de conduite et leur moralité. C'est l'élite de
ces émigrés qui devait plus tard créer la science libre et la
loi, et organiser les premières républiques de l'Occident [1].

Malgré ces émigrations, la population augmente dans les
pays les plus favorisés, et, avec la population, les difficultés
de la vie. Le besoin courbe les caractères et pervertit de plus
en plus les esprits. Le mal prend des proportions capables
de jeter le trouble et la confusion dans les consciences. L'ordre matériel devient une nécessité. Pour l'obtenir, on commence par établir un ordre moral factice, où les droits de la
personne libre sont méconnus. On juge que le vrai bonheur
ne suppose point l'indépendance et la dignité, mais peut se
trouver dans la stabilité parfaite de la vie, d'une vie dont les
conditions doivent être imposées et invariables pour tous.
Dans cet ordre d'idées, des plans de sociétés fortement orga-
nisées, *fatalisées* pour ainsi dire, sous la puissance d'une
caste ou d'un homme, s'offrent aux esprits dominés par l'ambition personnelle et aussi par l'illusion du bien social. Ainsi
se fonde le despotisme, investi bientôt de toutes les sanc-
tions, entouré de tous les prestiges, protégé par toutes les
forces publiques. Et l'on s'imagine que le problème du gouvernement de l'humanité est résolu pour jamais. Mais on a
beau faire des conquêtes, encourager les arts, etc. ; la corruption se glisse aussitôt dans ces vastes agglomérations
d'esclaves. Le despotisme voue les races qui le subissent à la
mort morale et au désespoir. Et comment secouer le joug ?
On peut être conquis par une nation voisine : c'est la seule
chance de salut ; car il n'y a plus alors de révolution intes-
tine possible. Les volontés n'ont plus de ressort ; les cons-

[1] Cf. p. 115 et 116.

ciences sont oblitérées ; la raison étouffée sous le poids de la tyrannie est devenue impuissante [1].

Dans cet état désespéré, le cœur peut seul relever d'un pareil abaissement. C'est l'amour qui réagit alors contre l'injustice. On s'isole pour éviter le contact et la corruption de la foule ; on se voue à la passivité, à la vie contemplative, à la pauvreté. La résignation, le sacrifice paraît le dernier mot de la moralité [2]. Mais l'amour n'est pas la justice. L'homme d'amour est passionné : il n'est pas véridique, loyal, noble de caractère comme l'homme juste. Il consent à être trompé, sinon à tromper les autres dans l'intérêt de sa passion. Il peut même en venir à faire du crime une vertu politique, pour peu qu'il y ait prétexte de salut public. — Dans l'ordre religieux, il peut être un saint : alors il ne voit entre l'être humain et la divinité que des rapports d'abandon et de sacrifice d'un côté, de grâce et de faveur de l'autre. Il ne raisonne pas, il brûle ; il ne juge pas, il se prosterne et adore. Tandis que le juste est sans cesse prêt à sacrifier l'utile à la vertu, le saint songe avant tout à son salut, à son bonheur, qu'il reléguera, s'il le faut, dans une autre vie, mais qui sera toujours le principal objet de ses espérances, le but et le premier mobile de ses actions. Il peut devenir, suivant les circonstances, un réceptacle de haine et de colère. — Quand les maux que produit le despotisme deviennent intolérables, le nombre des saints augmente. Une religion d'amour peut naître ainsi comme protestation. Mais la société qui l'embrasse ne tarde pas à tomber sous le joug sacerdotal, c'est-à-dire sous le plus odieux des jougs. Car si le saint arrive au pouvoir, il devient despote à son tour. Après s'être fait à lui-même une loi du sacrifice, il n'hésitera pas à sacrifier les autres et se figurera même facilement que c'est pour leur bien. Du gouvernement des saints on passe vite au gouvernement des scélérats : la corruption sociale peut se produire alors sous sa forme la plus hideuse [3].

[1] Cf. p 113-116.
[2] Cf. Havet ; Origines du Christianisme, passim.
[3] Cf. p. 117-121.

On serait tenté de croire, en voyant ainsi les choses aller le plus souvent de mal en pis, que l'idée du progrès est en contradiction avec l'esprit général du système, dont nous venons d'esquisser les principaux traits. Il n'en est rien. Le progrès n'a pas de zélateur plus fervent, plus éclairé, plus profondément moral que M. Renouvier. Si le mal occupe tant de place dans le monde, s'il est si difficile de se soustraire aux influences contagieuses que nous subissons de toute part; la faute en est à la mauvaise direction que la volonté a prise dès l'origine. L'homme initial, innocent et libre, pouvait opérer son ascension dans le bien, il a opéré sa descente dans le mal. Dès lors l'habitude, la solidarité, les institutions, les mœurs et les maximes admises, en un mot tous les mobiles qui le poussent à l'insu de sa conscience ont précipité sa dégradation. Ces mêmes mobiles auraient, au contraire, puissamment contribué à son élévation morale, s'il s'était engagé dès le principe dans la voie opposée. Le progrès eût même été beaucoup plus rapide que n'a été la déchéance, car la pratique du mal n'a pas étouffé en lui le sens de la justice. A chaque degré de son abaissement il s'est senti retenu par la protestation de sa conscience, et il a dû, avant de se laisser tomber, vaincre cet obstacle de plus en plus faible, mais toujours sensible ; tandis que, s'il eût choisi la route du bien, toutes les impulsions, celles du dedans comme celles du dehors, eussent été favorables à son avancement. Le progrès, dans l'état où le passé nous a mis, n'est en réalité qu'une sorte de restauration. C'est ce que ne comprennent pas ceux qui supposent qu'au début de la vie humaine il y a eu absence totale de moralité. Mais ils ne remarquent pas qu'il est absurde de faire sortir le bien du mal [1]. Le mal est le mal, et de lui-même ne produit que le mal. Sans doute tous les biens dont nous jouissons ont été préparés et obtenus sous l'empire des coutumes, et par l'usage des forces que le règne du mal a créées dans le monde. Le bien empirique est ainsi solidaire du mal. Mais il y a une distinction à faire: le bien qui semble sortir du mal est l'effet, non de ce mal, mais d'une

[1] Cf. p. 211 et 212.

réaction de la conscience [1]. Nous avons déjà vu comment le progrès résulte des émigrations et des révolutions provoquées par la domination tyrannique des méchants. Les religions elles-mêmes, quoiqu'elles aient généralement mal fini, ont rendu des services au progrès. Les symboles n'ont pas été aussi vains que la philosophie moderne le prétend : ils se rapportent toujours à des données et à des lois physiques, physiologiques et morales. Le symbole, c'est la science primitive, science concrète, impliquant la cause première, dont la science positive ne s'occupe pas. De ces notions symboliques se sont dégagés peu à peu l'art, le droit, la science, en un mot la raison [2]. Toutes les fois que le sens de la justice a résisté aux atteintes du mal, les revendications perpétuelles du droit ont conduit à des religions moins abaissées devant la divinité, et par suite plus humaines et plus morales. Alors l'esprit de la science a pu naître et se développer ; le principe de la loi politique et des constitutions rationnelles, qui en procède, a fini par trouver une formule et par donner lieu à des applications de plus en plus nombreuses [3]. Le progrès s'est fait, mais laborieusement, à travers toutes sortes de péripéties, d'oscillations et de réactions ; et il s'est fait par la liberté, par le concours des aspirations individuelles ayant pour objet la justice. Ceux qui appellent le suffrage universel « la foi grossière en la souveraineté absolue de la volonté générale » attaquent, sans paraître s'en douter, le principe même du progrès [4].

Quoiqu'il n'y ait pas eu, comme on l'a prétendu, une évolution unique de l'esprit humain, mais que chaque grande nation ait suivi, dans son développement, une marche particulière et marquée souvent d'une certaine originalité [5] ; cependant on ne peut s'empêcher de reconnaître que notre civilisation européenne est héritière des conquêtes morales et des travaux de plusieurs grandes races diversement douées et diversement méritantes. Nous avons trouvé, dès notre avène-

[1] Cf. p. 94 et 95.
[2] Cf. pages 758, 763, 766, 781.
[3] Cf. p. 120 et 121.
[4] Page 129.
[5] Cf. p. 739.

ment, les voies préparées ; aussi sommes-nous allés plus vite et surtout beaucoup plus loin que nos devanciers. Nous avons pris pleinement concience du but à poursuivre et des moyens de l'atteindre. Nous sommes parvenus à un degré d'avancement jusqu'ici inconnu. Nous nous appuyons aujourd'hui sur la notion même du progrès pour progresser ; nous créons des méthodes, nous composons des sciences et les arts qui deviennent à leur tour des aides puissants et nous permettent de fonder sur l'avenir de vastes espérances

Telle est, en substance, la théorie de M. Renouvier. Bien qu'il comprenne le rôle des religions et qu'il explique l'origine du mal autrement que Condorcet, on aperçoit cependant entre le Quatrième Essai et l'Esquisse je ne sais quelle communauté d'idées et d'inspiration. Ici, comme là, ce qui frappe le plus, c'est l'amour, on pourrait dire le culte de la liberté, c'est la haine du despotisme. Chez l'un, comme chez l'autre, même confiance dans la science; même espoir dans l'avenir ; mêmes tendances généreuses, libérales et profondément humaines. Il y a, nous semble-t-il, une certaine parenté morale entre ces deux esprits.

Avions-nous tort de dire que les idées de Condorcet ne sont pas mortes avec lui? Comme on le voit, son *Utopie*, si l'on persiste à l'appeler de ce nom, est une conception généralement admise aujourd'hui par les esprits les plus éminents. La foi au progrès par la science et la liberté ne cesse de se répandre et de se fortifier ; tous les jours elle gagne de nouveaux adeptes dans toutes les parties du monde civilisé ; pour peu que ses conquêtes continuent à s'étendre, elle aura bientôt pris les proportions d'une religion universelle. Et ce sera pour le bien de l'humanité, car il n'est pas de croyance dont l'effet moral soit plus heureux.

¹ Cf. pages 701 et 702.

CINQUIEME PARTIE

Épilogue.

Le sort qui a été fait jusqu'ici à la mémoire de Condorcet paraît bien étrange. Personne ne fut plus honnête, ni meilleur que lui : ses amis l'ont dit, ses ouvrages le prouvent. Qui pourrait lire, sans être ému jusqu'aux larmes, ses *Conseils* à sa fille et son *Testament* [1] ? Pour être édifié sur l'élévation de son caractère et sur son désintéressement, il suffit de parcourir ce qui nous reste de sa correspondance intime [2]. Sa modestie était si grande, que Mlle de l'Espinasse la signalait comme un phénomène psychologique [3]. C'était, pour le monde, une nature douce, discrète, timide même : il n'était expansif qu'en tête-à-tête et avec ses meilleurs amis. A le voir, on le croyait trop réfléchi pour être sensible, trop sage pour être passionné ; mais ceux qui le connaissaient intimement savaient quelle âme chaude et généreuse se cachait sous cette froideur apparente. D'Alembert le comparait à « un volcan couvert de neige [4]. » Son ardeur toutefois n'avait rien de violent. Ses deux passions dominantes furent l'amour de la vérité et l'amour de l'humanité, deux nobles passions, qui ont inspiré tous ses actes, tous ses écrits, toutes ses pensées, et ont fait comme le fond même de sa vie.

Comme écrivain, personne n'a jamais prétendu le mettre à côté de Montesquieu, Voltaire et Rousseau ; il est même d'usage de ne le placer qu'après d'Alembert et Diderot. Son

---

[1] OEuvres de Condorcet, tome I, p. 611-625.

[2] V. notamment : tome I, p. 156-160 ; 162-164, 214, 251, 270, 296 et 297.

[3] Tome I, p. 631.

[4] Cité par Arago ; tome I, p. 162.

dédain systématique pour tout ce qui tient à la forme lui a fait du tort. Mais, s'il n'a pas eu les qualités éminentes qui caractérisent les écrivains de génie, il a su, avec un talent secondaire, rendre des services de premier ordre ; aussi, pour bien l'apprécier, faut-il moins se demander ce qu'il était capable de faire, que songer à ce qu'il a fait. La force de ses convictions lui tenait lieu de génie. Son activité faisait l'étonnement de Turgot [1]. La verve de son zèle, comme quelqu'un l'a dit, pliait son talent à tous les genres de composition. Les *Lettres d'un théologien*, qui parurent sous le voile de l'anonyme, furent d'abord attribuées à Voltaire. Cette méprise du public réfute surabondamment les critiques étroites et haineuses des Palissot, des Sabatier, des Rivarol, et autres.

L'esprit d'invention lui a manqué, dit-on. Ce n'est pas l'avis de F. Arago, qui vante l'esprit *inventif* de Condorcet, en s'appuyant sur une citation significative de Lagrange [2]. Cependant admettons qu'il n'ait jamais trouvé par lui-même une idée nouvelle, comme on l'a prétendu ; quelque excessive que soit cette concession, mieux vaut la faire que d'entrer dans une discussion qui ne pourrait être que subtile et oiseuse. Mais n'eût-il que perfectionné et fécondé les idées des autres, serait-ce là un mérite médiocre ? Une qualité rare de Condorcet, qu'on n'a peut-être pas assez remarquée, c'est le talent qu'il a de tirer d'une donnée que les circonstances lui fournissent des conséquences inattendues. C'est là un genre d'invention qui n'est pas si commun. Les connaissances déjà acquises ne l'absorbent pas, comme il arrive à beaucoup d'esprits d'ailleurs excellents : il est toujours disponible, toujours prêt à profiter des découvertes nouvelles et de l'exemple d'autrui. Souple et docile, il reçoit sans effort l'empreinte des hommes et des choses ; il s'assimile avec une facilité merveilleuse ce qui vient du dehors ; il reflète avec promptitude et fidélité toutes les lumières qui l'ont frappé. Il apprend sans cesse, sans rien oublier ; et il n'apprend jamais sans tirer immédiatement parti, par un travail constant d'élaboration synthétique, de ce qu'il vient d'acquérir. On

[1] Cond.; tome I, p. 237 et 239.
[2] Cond.; tome I, p. 17.

ne saurait le nier, presque toutes les questions importantes qui ont été agitées dans la seconde partie du XVIII° siècle, Condorcet les a reprises et élucidées ; les sentiments, les pensées fécondes de son époque ont trouvé en lui un écho puissant ; il a mis en vive lumière tous les éléments de progrès qu'il a rencontrés autour de lui ; il a rendu réalisables, sinon réalisé, une foule de vues qui n'étaient encore qu'à l'état de vagues aspirations.

Cette disposition d'esprit, qui « le portait toujours en avant [1], » le rendait on ne peut plus apte au rôle politique qu'il eut à remplir. Quand les autres en étaient encore à chercher leur voie au milieu de la confusion des opinions courantes, il avait déjà trouvé la sienne et savait quel était le but à poursuivre et quels étaient les moyens d'y atteindre. Aussi, dès le premier jour, s'est-il lancé dans la vie politique avec une résolution, une sûreté dont il n'y a que peu d'exemples. Si l'on en croit Mme Roland [2], Robespierre lui-même fut pris au dépourvu quand il entendit pour la première fois parler de *République*. Il n'en fut pas de même de Condorcet : il n'attendait pas si vite, il est vrai, la réalisation de son idéal de gouvernement ; mais loin d'éprouver aucune surprise, aucune hésitation, il sentit croître au contraire son assurance, en voyant que les événements suivaient bien la marche qu'il avait prévue. Il avait d'ailleurs sur la plupart de ses collègues un avantage : il n'était en politique le disciple d'aucun maître. Il avait été l'ami de Voltaire et de Turgot ; il avait étudié les ouvrages de Montesquieu et de Rousseau ; il avait été en relation constante avec les publicistes et les économistes ; mais il avait gardé son indépendance : il avait profité de ce que chaque école avait de bon, sans adopter les doctrines exclusives d'aucune. On ne comprendrait pas pourquoi il a été enveloppé dans la condamnation des Girondins, si l'on ne savait que Chabot épiait l'occasion d'assouvir une vengeance personnelle. Condorcet s'était donc fait seul, et dès le début, un système de principes inébranlables, avec un programme nettement, on pourrait dire géométriquement

[1] Cond.; tome VII, p. 307.
[2] Not. sur la Révolution ; 1er ministère.

tracé, que les circonstances imprévues, que les vicissitudes
mêmes de la lutte ne pouvaient prendre en défaut.

Aussi jouissait-il d'une grande autorité dans les assemblées
dont il fut membre. S'il n'aborda que rarement la tribune,
il faut en accuser la faiblesse de ses poumons et la timidité
presque invincible qu'il devait à son éducation toute fémi-
nine. Après tout, quand le devoir l'y appelait, il y montait
sans hésiter et alors la force de sa logique suppléait à l'insuffisance de son organe. Mais, s'il a peu parlé, il a en revanche
agi et écrit beaucoup. Secrétaire de la Législative, c'est lui
qui le plus souvent était chargé de rédiger, dans son style à
la fois net et énergique, les adresses et circulaires de quelque
importance. C'est lui qui, le 20 avril 1792, présenta à l'assemblée le *Rapport sur l'organisation générale de l'instruction publique* et le *Projet de décret* qui l'accompagne. L'histoire n'a été
que juste en mettant au bas de cet admirable travail le seul
nom du rapporteur : le comité en effet l'avait élaboré et écrit
sous l'inspiration, sous la dictée de Condorcet. A la Convention, il fut aussi l'âme de plusieurs comités. La commission
des Neuf, chargée de préparer une constitution, n'eut pas de
membre plus actif ni de meilleur conseiller. C'est lui, et non
Sieyès, dont l'autorité était pourtant si grande, qui écrivit
l'*Introduction* et donna son nom au *Projet.* Aussi, quand il
s'agit de combattre le *Contre-Projet* d'Hérault de Séchelles,
il se mit en avant sans hésiter et proposa ouvertement au
peuple de refuser la sanction. Ce fut hélas! cet acte de courage qui le perdit.

Son esprit politique était si bien apprécié, qu'un de ses
collègues, et des plus influents, Boyer-Fonfrède, écrivait dans
une lettre confidentielle adressée en province : « Sieyès, Brissot
et Condorcet sont les seules têtes de France capables de nous
donner une bonne constitution. » Voltaire et Franklin ne
s'étaient pas trompés dans leurs pronostics : Condorcet était
en effet devenu « l'un des premiers hommes d'Etat de l'Europe [1] » et « l'homme le plus nécessaire à la France [2]. » Il
n'eut donc pas tort, comme le prétend A. Comte « de s'intro-

[1] Cond.; tome I, p. 65.
[2] Lettre de Voltaire du 4 mai 1774.

duire dans la Convention, où dominaient les hommes d'action [1]. » Où pouvait-il être mieux à sa place qu'au sein d'une Assemblée dévouée à la cause de toutes les réformes libérales, lui, l'ami de l'humanité, l'apôtre du progrès, le philosophe positif, qui regarda toujours la spéculation, non comme un but, mais comme un moyen d'arriver sûrement à des résultats pratiques ? Dernier survivant d'une brillante génération de penseurs à l'esprit hardi, au cœur généreux ; représentant naturel des idées fécondes que les Voltaire, les Turgot, les Quesnay n'avaient pas eu le temps de réaliser, n'avait-il pas à remplir une mission sacrée, que les circonstances d'accord avec ses convictions personnelles lui imposaient comme un devoir ? Faire passer dans les faits les théories économiques, politiques et sociales des philosophes au milieu desquels il s'était formé, et dont il avait été l'ami, le confident, le collaborateur : tel fut et devait être son rôle dans les assemblées dont il fit partie. Des événements à jamais regrettables l'empêchèrent de remplir sa tâche jusqu'au bout ; mais rien, pas même sa condamnation à mort, ne put ralentir son zèle. Réduit au silence, il prit la plume et écrivit, avec une foi inébranlable dans l'avenir, sans songer que le bourreau le guettait, ce livre rayonnant d'enthousiasme et d'espérance, qu'il est permis de regarder comme son testament politique, et même comme le testament du XVIII° siècle. Car, ce que M. Goumy dit de l'abbé de Saint-Pierre [2], on peut le dire avec plus de raison encore de Condorcet : il est le reflet le plus complet de son époque.

Voilà donc un homme, qui donna l'exemple de toutes les vertus publiques et privées ; dont la modestie égala le mérite ; dont la bonté fut presque proverbiale ; qui occu a un rang des plus honorables parmi les savants, les penseurs et les écrivains de son temps ; qui fit partie de deux grandes assemblées politiques, et s'y distingua toujours par la profondeur de ses vues, l'activité infatigable de son esprit, l'é-

[1] Littré ; Comte, p. 430.
[2] Thèse sur l'abbé de S. Pierre, p. 324.

lévation de son caractère ; qui attacha son nom à une grande
et généreuse idée, dont le succès est allé jusqu'ici, et doit
aller croissant dans l'avenir ; qui, après une vie toute de travail, d'abnégation, de dévoûment à la cause de sa nation et
de l'humanité, périt jeune, dans la force de son talent, victime de son attachement à des convictions on ne peut plus
respectables : Eh bien ! cet homme, non seulement n'a pas
de statues dans un pays qui les prodigue ; non seulement
n'a pas obtenu, sinon l'admiration, du moins l'estime et les
égards auxquels il a droit ; mais est encore en butte, plus de
quatre-vingts ans après sa mort, à des critiques malveillantes,
à de perfides insinuations de la part de ses concitoyens ! On
semble s'être concerté pour saper sa réputation : l'un parle de
son crime [1] ; les autres l'accusent d'utopie [2] ; celui-ci le considère comme un fou [3] ; celui-là lui reproche de s'être affaissé
au pied de l'échafaud [4] ; il y en a même qui cherchent à jeter
de la boue sur sa vie privée [5] : ou bien, système de dénigre-
ment qui n'est pas moins odieux, on affecte pour lui un dédaigneux mépris, on évite de prononcer son nom, on fait le
vide autour de sa mémoire, on attribue à d'autres ce qui lui
appartient, on le traite en esprit subalterne condamné d'a-
vance à l'oubli. Il est même à remarquer que, dans nos histoires littéraires destinées à la jeunesse, le nom de Condorcet n'apparaît point, sinon quelquefois dans une énumération
rapide des hommes de la Révolution, ou dans la liste des
orateurs académiques. Quant à l'Esquisse, il n'en est jamais
question. Si cette tendance continue, il n'y aura bientôt plus
en France que les érudits qui sachent que Condorcet a écrit
sur l'histoire.

« Les places que la postérité donne, a dit Montesquieu,
sont sujettes, comme les autres, aux caprices de la fortune.
Malheur à la réputation de tout prince (lisez : de tout homme
politique), qui est opprimé par un parti qui devient le domi-

[1] Lamartine.
[2] Caro, Baudrillart, etc.
[3] La Harpe.
[4] Charma.
[5] Voir une citation de Granier de Cassagnac ; Hist. des Girondins,
tome I, p. 131.

nant, ou qui a tenté de détruire un préjugé qui lui survit [1] »
Ce qui est arrivé à la réputation de Condorcet confirme cette
pensée profonde. La réaction s'est acharnée après lui, et tout
de suite, dès qu'elle a pu relever la tête. La Harpe qui s'était
empressé de renier les siens, dès qu'il les avait vus à la veille
d'être vaincus ; pour qui, quelques années auparavant « le
marquis de Condorcet était une des espérances de la philosophie [2] », donna le signal et le ton aux détracteurs. Il fut sif-
flé, il est vrai, dans sa chaire du Lycée : on lui cria d'un ton
très animé « cela est faux ! » mais il n'entendit, paraît-il, que les
murmures qui couvrirent cette interruption, et il continua sa
diatribe. — Depuis cette époque, les idées de la Révolution ont
été presque constamment battues en brèche. Si la réaction politique a eu des vicissitudes, la réaction cléricale n'a pas cessé
de se développer de plus en plus. Le jugement des La Harpe
sur Condorcet n'a pu être révisé. Les critiques, même ceux
qui ont passé pour avoir l'esprit libéral, ont pris en général
l'habitude de répéter, sans les contrôler, ces appréciations
plus que partiales, qui ont fini par devenir une sorte de lieu
commun. La postérité n'a donc pas encore commencé pour
Condorcet, tant sont vivaces les passions politiques ! Mais
l'avenir réparera, il n'en faut point douter, les torts du passé
à son égard. Son beau livre sur le Progrès indéfini, cet acte
de foi ardent et sublime dans des circonstances si désastreu-
ses, trouvera des admirateurs au même titre que le dernier
entretien de Socrate ; on remerciera Condorcet de ne pas
avoir, dans son malheur, désespéré du salut de la république,
ni de l'avenir de l'humanité.

[1] Grand.; et décad.; ch. 1er.
[2] Charma, p. 65.

FIN

Vu et lu à Clermond-Ferrand
le 31 juillet 1883 par le doyen
de la faculté des Lettres à Cler-
mont-Ferrand.

CHOTARD.

Permis d'imprimer.
Le Recteur de l'Académie,

BOURGET.

TABLE ALPHABÉTIQUE

DES

AUTEURS CITÉS

Emm. des Essarts . .	L'Hercule grec, 1871.
H. de Ferron	Théorie du progrès ; 1867.
R. Flint (F)	La philosophie de l'histoire en France, trad. Carrau ; 1878.
Id (A).	La philosophie de l'histoire en Allemagne, trad. Carrau ; 1878.
Foncin.	Essai sur le ministère de Turgot (Thèse).
Fustel de Coulanges .	Institutions politiques de l'ancienne France.
E. Géruzez	Cours de littérature ; 17e édit., 1871.
E. Goumy	Thèse sur l'abbé de St-Pierre, 1859.
Granier de Cassagnac.	Histoire des Girondins.
Havet.	Origines du christianisme.
Paul Janet	Morale ; 1874.
Kant	Idée d'une histoire universelle.
La Harpe	Lycée ; édit. Costes, 1813.
?**G. de La Rochefoucauld**	Mémoires de Condorcet.
Lamartine	Histoire des Girondins.
Littré	Aug. Comte et la philosophie positive; 2e édit., 1864.
Malthus	Essai sur le principe de la population.
Mastier	Thèse sur Turgot.
Michelet.	Discours sur Vico.
Stuart Mill.	Aug. Comte et le positivisme ; trad. Clémenceau ; 2e édit., 1879.
Montesquieu	Considér. sur les causes de la Grand. des R. et de leur décadence.
L. Nadeau	Voyage en Auvergne ; 2e édit., 1863.
Edg. Quinet	Idées de Herder.
Ch. Renouvier . . .	4e Essai ; 1864.
Rev. des deux Mondes	
Revue philosophique.	
Revue scientifique.	
L. Reybaud	Etudes sur les réformateurs ou socialistes modernes ; 2e édit., 1864.
Th. Ribot	Thèse sur l'Hérédité.
Hipp. Rigault. . . .	Histoire de la querelle des anciens et des modernes ; 1856.
Robinet (Dr)	La philosophie positive. (bibl. utile).
Mme Roland	Mémoires.
Sénèque	Lettres à Lucilius.

Herbert Spencer . . Essai sur le progrès.
   Id . . . . . . Premiers principes.
   Id . . . . . . Principes de biologie.
Tacite . . . . Annales.
Taine . . . . Histoire de la littérature anglaise.
Turgot . . . . . . OEuvres ; édit. Daire.
E. Vacherot . . . . La Religion ; 1869.
Vico . . . . Science nouvelle, trad. Michelet.
Voltaire . . . . . . Lettres.
   Id . . . . Essai sur les mœurs et l'esprit des na-
    tions.

TABLE DES MATIÈRES

FIN DE LA TABLE

Imprimerie de Destenay, à Saint-Amand (Cher).

www.ingramcontent.com/pod-product-compliance
Lightning Source LLC
Chambersburg PA
CBHW070620100426
42744CB00006B/563